AF468217

Publications de la Société d'Etudes Ardennaises
« La Bruyère »

SEDAN
IL Y A CENT ANS

PREMIÈRE PARTIE

(1790-1793)

Avec une planche en fac-simile

PAR

PAUL COLLINET
DOCTEUR EN DROIT

SEDAN
IMPRIMERIE DE JULES LAROCHE
22, RUE GAMBETTA, 22
—
1893

Publications de la Société d'Etudes Ardennaises
« La Bruyère »

SEDAN
IL Y A CENT ANS

PREMIÈRE PARTIE

(1790-1793)

Avec une planche en fac-simile

PAR

PAUL COLLINET

DOCTEUR EN DROIT

SEDAN
IMPRIMERIE DE JULES LAROCHE
22, RUE GAMBETTA, 22

1893

A M. CHARLES PILARD

En souvenir

de sa remarquable Histoire de la Révolution à Sedan.

PRÉFACE

Ce livre n'a nullement la prétention d'être une histoire de la Révolution à Sedan : il y manque pour cela la liaison nécessaire entre les différents événements qu'il rapporte, et aussi un exposé des faits antérieurs à 1790 comme de ceux qui s'accomplirent après 1793 ; c'est, tout simplement, un ouvrage *complémentaire* où j'ai cherché, à l'aide de documents originaux et peu connus, soit à appuyer, soit à redresser la version généralement reçue des épisodes les plus célèbres de la période révolutionnaire ; ne voulant pas faire l'histoire entière de cette grande époque, et pensant que le beau livre de M. Ch. Pilard peut donner une suffisante idée des actes tristes ou risibles dont Sedan fut le théâtre, j'ai négligé de reprendre les points où son récit m'est apparu comme complet, de même que pour certains événements, très importants cependant, le passage de La Fayette et de Dumouriez par exemple, les études de notre savant compatriote, M. A. Chuquet, et les *Sou-*

venirs de M. H. Rouy, ont presque épuisé le sujet et il ne m'est parvenu aucun document nouveau qui change l'opinion admise sur ces questions.

Peut-être trouvera-t-on bizarre que je n'aie pas, à l'anniversaire du mois d'août 1792, refait, à mon tour et en détail, l'histoire de l'arrestation des commissaires et des conséquences qui en découlèrent? Bien que ce point soit, pour ainsi dire, l'axe autour duquel gravite la suite des faits révolutionnaires à Sedan, je l'ai laissé dans l'ombre, non pour éluder l'appréciation qu'il faut fatalement porter sur la responsabilité du conseil général, mais parce que je réserve pour bientôt la publication de documents nouveaux relatifs à cette lugubre affaire, documents qui montreront l'enchaînement des poursuites, la suite des accusations bien avant le procès final, et jetteront dans le débat une série de pièces authentiques.

J'ai omis, aussi, de parler de 1789, des États généraux et de leurs cahiers qu'on trouvera dans les *Souvenirs* de M. H. Rouy, — de même que pour les faits précurseurs de la Révolution, en particulier les délibérations si curieuses de l'Assemblée du district de 1787 à 1789, j'aurais tiré, des documents encore conservés, moins bon parti que ne vient de le faire mon ancien maître, M. S. Leroy; et je ne regrette en rien mon abstention.

Voilà donc ce que l'on ne trouvera pas dans ce livre; en revanche, j'y ai mis, en manière d'introduction, deux études générales sur l'Ardenne et sur Sedan, qui n'ont, peut-être, qu'un rapport lointain avec mon sujet, la première au moins, mais que je tenais — ô prétention — à sauver du sort commun réservé aux journaux, fût-ce même *l'Echo des Ardennes.* Le livre commence véritablement avec les *Papiers d'un Emigré,* qui relatent, ornés de détails assez piquants, les menus faits de la vie privée en 1790, — puis, reprenant divers épisodes de la Révolution, départ des religieux et religieuses, fuite de La Fayette, assassinat de Vissec de La Tude, élections municipales, il se termine par une revue rapide des rues et des monuments il y a cent ans : c'est la partie que je considère comme la plus neuve ; d'abord parce qu'elle n'a paru en entier ni dans un journal ni dans une revue, à l'exemple de la *Caisse patriotique,* et aussi parce que l'histoire de la ville, de ses rues et de ses rares monuments est encore moins connue, si c'est possible, que l'histoire générale de Sedan et de la principauté.

Les cinquante pages que j'ai rassemblées sur ce sujet formeront peut-être quelque jour l'avant-dernier chapitre d'un livre sur les rues de Sedan, je n'ose l'espérer, mais, en attendant, ce sont elles qui m'ont le plus intéressé et le plus charmé à écrire, comme d'ailleurs m'attachera toujours, mieux que les épisodes des batailles et les luttes de la politique, l'histoire des mœurs, des institutions, de la vie intellectuelle et sociale, dont l'ensemble forme l'histoire *interne* d'une ville.

Le titre même de ce livre : « SEDAN IL Y A CENT ANS, » très élastique en soi, montre par son sous-titre : « 1re partie, — 1790-1793, » qu'il aura un successeur : je puis annoncer dès maintenant que ce second volume comprendra les événements accomplis en 1793 et 1794 ; comme les articles qui composent la première série, la plupart paraîtront dans *l'Echo des Ardennes,* si bienveillant pour les historiens locaux, et dans la *Revue d'Ardenne et d'Argonne,* revue spécialement consacrée aux études ardennaises que mes amis et moi lanceront dans peu de temps. Je souhaite qu'ils soient accueillis avec autant d'indulgence que ceux ici renfermés, et, en terminant, je remercie les personnes qui ont mis à ma disposition leurs connaissances et notes personnelles, MM. J.-B. Brincourt, Ch. Pilard et autres, comme l'aimable gardien des Archives communales, où j'ai puisé à pleines mains.

Sedan, 24 Août 1893.

L'ARDENNE

ESQUISSE DE GÉOGRAPHIE PITTORESQUE

L'ARDENNE

ESQUISSE DE GÉOGRAPHIE PITTORESQUE

L'Ardenne n'est pas, à proprement parler, un pays inconnu, car elle est fréquentée chaque année par un grand nombre de touristes sédentaires, des Belges surtout, qui viennent depuis longtemps passer leurs vacances au même endroit; touristes vagabonds, des Anglais, en majeure partie, et aussi quelques Français.

Mais ces visiteurs, qui y viennent par habitude ou curiosité, ne sont pas de ceux qui iront de ville en ville, de revue en revue, vanter ses beautés: c'est pourquoi elle reste, dans l'esprit de la plupart des alpinistes, à l'état de notion vague; elle semble une terre inhospitalière qu'on n'aborde qu'avec crainte. La principale raison de cet oubli et de ce mépris d'un pays qui en vaut bien d'autres plus connus, c'est que les Ardennais n'osent pas parler de l'Ardenne dans des articles qui pourraient intéresser la gent voyageuse tout entière[1].

Et cependant les personnes qui se décideraient à la visiter peuvent être assurées d'avance de n'être pas déçues dans les espérances que j'aurais pu leur donner: les gîtes et la nourriture ne manquent pas plus que les sites à admirer. Pour moi, j'ai toujours eu, durant mes promenades, un

1. Je citerai comme les meilleurs Guides: JEAN D'ARDENNE (Léon Dommartin): l'*Ardenne*; EUG. VAN BEMMEL: *Guide de l'excursionniste*.

grand nombre de surprises agréables. Peut-être l'amour du pays y est-il pour quelque chose?

Tel est mon but : inspirer à mes collègues du Club Alpin le désir de parcourir l'Ardenne, en jetant avec eux un coup d'œil général sur ce pays, certainement nouveau pour beaucoup de mes lecteurs.

I

D'abord, qu'est-ce que l'Ardenne, et quelles en sont les limites exactes? A cette question, autant de réponses, autant d'opinions. Les Français disent tous « les Ardennes, » parce qu'il y a un département et une forêt des Ardennes. Cependant l'Ardenne est une, à moins qu'on ne veuille faire une Ardenne orientale, une Ardenne occidentale, etc. ; mais c'est toujours le même territoire. De plus, mes compatriotes comprennent sous ce nom la partie Nord du département des Ardennes, couverte de forêts et traversée par la Meuse. Pour les Belges, l'Ardenne est un « petit territoire du bon vieux temps » qui occupe les hauts plateaux froids et arides de la Belgique méridionale dans la province de Luxembourg : un territoire comme le Condroz, la Famenne, etc., que nous retrouverons souvent. Les Belges sont plus près de la vérité : ils oublient pourtant que la partie française dont je parlais ci-dessus présente tous les caractères de leur Ardenne. Réduite à ces deux parties, l'Ardenne proprement dite serait pour nous, touristes, une bien petite scène, où les sites abondent, mais où ils gardent tous un aspect commun.

Aussi les rares écrivains qui s'en sont occupés ont-ils étendu l'objet de leurs descriptions, et jusqu'ici le plus hardi, Jean d'Ardenne, s'est encore arrêté à mi-chemin. La base naturelle des limites de l'Ardenne, la géologie seule peut nous la donner exactement, et mes prédécesseurs n'ont pas assez compris cette vérité. D'un mot, je la définis : la pointe occidentale du massif primaire de l'Europe du Nord-Ouest, qui, répandu sur les deux rives du Rhin, s'appelle le Taunus, le Harz, le Hundsrück, l'Eifel. Cette pointe s'enfonce entre les terrains tertiaires de l'Allemagne, de la Belgique, de la France au Nord, et les terrains secondaires de la France et du Luxembourg au Midi. Les limites de l'Ardenne seront donc celles des terrains primaires et des terrains des âges postérieurs : elles sont ainsi faciles à établir et moins artificielles.

A l'Est, cependant, notre frontière doit être forcément conventionnelle : car l'Ardenne et l'Eifel ne sont que deux parties d'un même massif, et, désirant appuyer cette frontière entre l'Ardenne et l'Eifel sur une base exacte, je propose d'adopter la ligne de faîte des affluents de la Meuse d'une part, de ceux du Rhin, directement ou par l'intermédiaire de la Moselle, de l'autre.

Cette ligne de faîte pénètre dans les terrains primaires à droite de Niedeggen, sur la Roër, rivière qu'elle sépare de l'Erft et de l'Ahr, affluent du Rhin ; plus loin, elle suit la ligne de partage des eaux de l'Amel ou Amblève et de son affluent la Warche (Meuse), de la Kill et de l'Our (Moselle) ; enfin l'Ourthe orientale descend du même plateau que la Woltz et la Wiltz, mais dans une direction opposée. Les plateaux d'entre Meuse et Rhin aboutissent au vaste plateau de Libramont-Recogne, le « toit » de l'Ardenne, de 500 mèt. d'altitude, d'où descendent deux des principales rivières ardennaises, l'Ourthe occidentale et la Lesse, et le seul affluent considérable d'une autre de ces rivières, la Vierre, qui se jette dans la Semoy. Enfin, la Sûre, qui reçoit toutes les eaux du grand-duché de Luxembourg, tombe du versant occidental du même plateau.

Le reste de la frontière cesse d'être conventionnel et la géologie reprend tous ses droits.

Au Nord, partie de Niedeggen, elle passe par Eschweiler, Stolberg, au Sud d'Aix-la-Chapelle, coupe le territoire neutre, traverse le riche pays de Herve et rejoint la Meuse auprès de Visé. Jusqu'à Liège, elle côtoie la rive gauche du fleuve à quelque distance, puis elle s'éloigne dans la Hesbaye, traversant la Méhaigne, laissant Gembloux au Nord, et à la hauteur de Charleroi elle abandonne la distance qu'elle avait tenue depuis Liège pour, par un angle droit, suivre la Sambre à partir de Thuin jusqu'au confluent de l'Helpe Majeure vers Aulnoye : c'est la pointe extrême de notre territoire. De Thuin, elle décrit un demi-cercle et gagne Hirson par la vallée de l'Helpe Mineure, Étrœungt et Fourmies.

La frontière septentrionale et occidentale est celle des terrains primaire et tertiaire : elle présente des différences de pittoresque très caractéristiques, soit que l'on regarde à Aix-la-Chapelle du sommet du Lousberg, colline de 100 mèt. isolée au milieu de la plaine de la Wurm, la chute des extrémités boisées de l'Ardenne, soit que l'on vienne des fertiles pâturages du Brabant et du Hainaut rejoindre la Meuse à Liège, Huy, Namur ou Thuin. Du côté de la Flandre, le passage est moins sensible, car le sol de peu d'élévation est couvert de prairies et les rochers n'y percent guère : c'est une zone neutre qu'il faut franchir avant de jouir des paysages vraiment spéciaux à notre pays.

Au Sud, d'Hirson au plateau de Libramont-Recogne, l'Ardenne est limitée par les terrains secondaires : la ligne frontière suit la vallée de la Sormonne, coupe la Meuse à Charleville, passe au Nord de Sedan, remonte vers le Nord-Est, traversant plusieurs fois la Semoy en aval de Chiny, et, auprès de Neufchâteau, aboutit aux sources de la Sûre.

En quelque point que l'on pénètre par la frontière méridionale, le changement de terrains est manifeste : descendez la Meuse ou la Semoy : les rochers jaunes à stratification horizontale des collines liassiques font place aux masses noires de schistes, bouleversées par des failles sans nombre. Et, si je ne laissais de côté le Luxembourg tout entier, je ferais remarquer dans la vallée de la Sûre le passage plus fantastique encore des roches bigarrées du trias aux couleurs sombres des roches primaires.

II

Telles sont les limites de l'Ardenne. Quelle en est la caractéristique géographique ?

L'Ardenne n'est pas, comme on pourrait le croire, une chaîne de montagnes avec pics ou ballons, cols ou défilés ; et le Botrange, qui en est le point culminant, n'est ni un petit Mont-Blanc, ni même un humble Ballon d'Alsace. L'Ardenne est un immense plateau qui s'élève graduellement depuis les bords de la Sambre et de la Meuse (altitudes : 50 mèt. à 200 mèt.) jusqu'au dôme des Hautes-Fagnes à près de 700m. Le plateau est, en outre, incliné du Nord-Est au Sud-Ouest, ce qui détermine la longue suite de grandes hauteurs : commençant au plateau de Rocroï (390 mèt.), passant à Gédinne aux sources de la Houille (Croix-Scaille, 504 mèt.), la ligne de faîte sépare les affluents de la Lesse de ceux de la Semoy, gagne Bertrix, le nœud de Libramont-Recogne, Bastogne (547 mèt.), Gouvy, dans une dépression de plus de 100 mètres où naît l'Ourthe Orientale, remonte alors à 570 mèt. et, en pente rapide, atteint le Botrange (695m 47), le sommet du massif des Hautes-Fagnes dont l'altitude moyenne dépasse 600 mètres.

Cette ligne de faîte qui décrit un demi-cercle de Rocroi au Botrange constitue une région à part, qui est l'Ardenne proprement dite ; elle projette une de ses branches entre les vallées de l'Ourthe et de la Salm : la Baraque de Fraiture (651 mèt.) en est le point le plus élevé. C'est dans l'Ardenne véritable que nous trouverons des sites caractéristiques, non pas en restant sur les hauteurs d'où la vue n'est bornée que par un horizon vaporeux, mais en parcourant les vallées qui s'y sont creusées profondément.

Ici, nous sommes dans la partie la plus ancienne, sous le rapport géologique : les autres territoires, l'Entre-Sambre-et-Meuse, la Marlagne, la Hesbaye, le Condroz, la Herve, qui occupent le plateau septentrional et que coupe la ligne Sambre-Meuse, la Fagne de Chimay, la Famenne qui forment le centre, ne sont que des gradins pour y accéder, d'altitudes moins considérables, dont la pente augmente en se rapprochant des Hauts-Plateaux. La Famenne et la Fagne sont déjà élevées de 300 à 550 mèt. en moyenne ; le Condroz ne dépasse pas 350 mèt., et la Marlagne 250.

Tous les territoires que nous avons réunis sous le nom général d'Ardenne constituent une unité géologique, qu'une ligne parallèle à la Sambre et à la Meuse (en prolongement de la Sambre depuis Namur) partage en deux zones à peu près égales d'étendue : cette ligne passe par Fourmies, Trélon, Chimay, Couvin, traverse la Meuse à Givet, la Lesse à Rochefort, gagne Marche, Hampteau sur l'Ourthe, Harzé, Remouchamps sur l'Amblève, Pépinster, Verviers, Eupen, dans la vallée de la Vesdre, et finit à Stolberg. La partie située au Midi de cette ligne est entièrement formée de roches siliceuses (schistes, grès, grauwackes) appartenant au terrain dévonien inférieur dont les assises se sont déposées autour de quatre massifs cambriens[1] : deux grands, ceux de Deville-Revin et de Stavelot ; deux petits, ceux de Givonne près Sedan et de Serpont, aux sources de la Lesse. Les calcaires sont rares dans cette zone, où domine le schiste.

1. Les terrains primaires se divisent en : silurien, dévonien et carbonifère. En Ardenne, on trouve du silurien inférieur ou cambrien, et du silurien moyen à Gembloux et sur la crête du Condroz : le silurien supérieur manque.

Au Nord de la ligne séparative, l'étude du terrain présente des difficultés réelles qui n'ont guère été surmontées que par M. Gosselet[1]. Le calcaire constitue la base des rochers que l'on rencontre dans la partie septentrionale de l'Ardenne, et cependant les schistes et les grès n'y sont pas aussi rares que le calcaire dans la première zone. On peut même dire que les roches siliceuses en occupent la moitié, tant dans les terrains dévoniens moyen et supérieur que dans le terrain carbonifère; la crête du Condroz, qui surplombe la Meuse et la Sambre, est formée de schistes siluriens.

A la fin des âges primaires, ou période paléozoïque, les couches sédimentaires qui devaient former l'Ardenne s'étaient déposées : les soulèvements successifs du sol avaient porté cette masse à une altitude considérable, celle des Alpes actuelles, disent les géologues belges ; et en même temps des failles s'étaient produites ainsi que des plissements nombreux sous des actions multiples. L'érosion des eaux postérieures en a fait un plateau, et les débris ont été amenés par ces eaux dans les plaines du Hainaut et du Brabant où les paysans les appelent « pierres de fagnes » ; de plus, un abaissement du sol diminua encore l'altitude de l'Ardenne, de sorte qu'aujourd'hui elle est « une grande ruine, » suivant l'expression de M. E. Reclus.

Au milieu du plateau ainsi formé, les eaux tertiaires et quarternaires, profitant de failles profondes, ont creusé d'étroites vallées, variant d'aspect suivant les régions, sauvages et encaissées dans la partie schisteuse, plus larges et plus vertes dans la partie centrale, aussi surprenantes et

1. *Esquisse géographique du Nord de la France et des contrées voisines* (premier fascicule : Terrains primaires) : et surtout *l'Ardenne*, publiée par le ministère des Travaux publics pour servir d'explication à la carte géologique détaillée de la France (Baudry, Paris).

moins sombres dans la partie calcaire. Mais la caractéristique du pittoresque ardennais se retrouve partout : elle consiste dans l'opposition entre le plateau âpre, dénudé, aride, avec ses horizons sans fin, toujours les mêmes, et les vallées aux aspects si divers, aux sites si variés. La vallée est plus attrayante : le plateau est plus monotone. Aux touristes gais, aimant le doux chant du torrent et les petits coins ombreux : la vallée ; aux marcheurs à qui plaît la mélancolie, qui adorent la nature triste comme leur âme, l'horizon vaste comme leurs pensées : le plateau.

III

La caractéristique des plateaux ardennais est donc leur extrême monotonie ; les rivières n'y sont encore que d'humbles ruisseaux sans pente, s'attardant dans les fondrières et les marais que l'on nomme des *fagnes* (sur le plateau de Rocroi, on dit des *rièzes*). Une grande partie de l'Ardenne orientale et méridionale s'appelle même les Hautes-Fagnes ; c'est le pays de Bertrix, Libramont, Bastogne, et le massif du Botrange. Les bois y sont rares, car le paysan les défriche, brûle les herbes, remue le terrain avec les cendres et plante à la place des bois du seigle, la seule céréale que le rude climat permette de cultiver ; ce défrichement et ce mode de culture est l'essartage : on l'emploie beaucoup sur les rives de la Semoy. Les pâturages sont maigres ; les fougères, les bruyères, les genévriers égaient seuls le paysage : le fonds argileux du sol, qui retient les eaux de pluie, détermine la formation de ces fagnes où poussent les mousses et l'herbe trompeuse où le pied s'enfonce dans la tourbe et dans l'eau, et, pendant les longues soirées d'hiver, par la neige ou le brouillard, la traversée en est dangereuse. Sous le nom de Hohe-Venn, les fagnes couvrent une étendue considérable du pays au Nord-Est de l'Ardenne, entre les vallées de la Vesdre, du Wayai et de l'Amblève, de la Warche et de la Roër. Le Hertogenwald, immense forêt, occupe la partie Est et Sud de cette région où l'altitude dépasse 600 mèt. en moyenne. La pente est assez forte pour un pays comme le nôtre : ainsi, la route d'Eupen à Malmédy, qui traverse le Hohe-Veun (ou Hautes-Fagnes du Botrange), s'élève de 256^{m}, 30 à 695^{m}, 47 sur une distance de 15 kilomèt. ; puis elle redescend à moins de 300 mèt. sur la même longueur.

Sur les Hauts-Plateaux des deux rives de la Semoy, les marais ont disparu, quoique existant encore auprès de la Croix-Scaille (504 mèt.), un des points culminants du plateau d'Entre-Meuse-Lesse-Semoy. Les landes de hautes bruyères et de genêts ont remplacé les fagnes. La culture y est aussi plus facile que dans les Hautes-Fagnes, où elle commence cependant à apparaître.

Les villes sont rares dans ces régions, si l'on veut donner le nom de villes à de gros bourgs, aux rues larges, aux maisons blanchies à la chaux, tels que Gédinne, Paliseul, Saint-Hubert, Neufchâteau, Bastogne. Dans les Hautes-Fagnes, on ne rencontre plus que de pauvres villages bâtis en ardoises, couverts de chaume, et dont les maisons chétives et basses sont abritées contre les ouragans du Nord par une haie de charme et de sapin, montant jusqu'au toit. Jalhay, Sart-lès-Spa, Hockay, Sourbrodt sont les types des villages des Hautes-Fagnes. La Baraque-Michel (675^{m} 02) est une maison isolée qu'au commencement du siècle un nommé Michel Schmitz, égaré l'hiver dans les tourbières, promit d'élever en reconnaissance de son salut. Aujourd'hui la Baraque est agrandie : il y a une auberge fort convenable que tient un Schmitz de la troisième génération. A quelque distance de la Baraque se dresse le signal de Botrange, construit en bois, haut de 20 mètres environ, au point culminant de l'Ardenne.

Ce qui contribue à rendre la traversée des Hauts-

Plateaux moins désespérante pour le touriste qu'il ne pourrait le croire d'après ma description, ce sont les immenses horizons que le regard embrasse. Du Botrange, quand le temps est clair, on découvre la vallée de la Meuse, Maestricht, Aix-la-Chapelle, Liège et la vallée de la Salm. Vers la partie Sud des Hauts-Plateaux, le panorama est loin d'être aussi étendu : cependant l'horizon offre de beaux coups d'œil, et il faut contempler, au coucher du soleil d'automne, l'enchevêtrement des divers plans du tableau dont le fond disparaît en une brume gris bleuâtre : c'est surtout des hauteurs de la Semoy que le spectacle est merveilleux, car de cette rivière montent des brouillards épais que déchire à peine le pâle soleil du matin.

Descendant vers la Meuse, nous rencontrons la Famenne, l'antique pays des Pœmanes, large dépression qui s'étend autour de Beauraing, de Givet à l'Ourthe, et où manque déjà la grandeur triste des Hauts-Plateaux. La culture est ici plus facile : les prairies commencent, l'herbe abonde ; mais il s'y trouve encore des fonds marécageux parsemés de bouquets de bois. Les vues sur les vallées de la Meuse, de la Lesse, de l'Ourthe, sont dignes d'attention, et les plateaux des bords de la Lesse, les « tiennes », se font remarquer par leur aspect particulièrement désolé. Deux petites villes, Beauraing et son château, Marche, sont les seuls endroits à mentionner dans une étude générale.

Un étage plus bas, et nous sommes en Condroz, patrie des Condruses d'autrefois, nom que porte le plateau compris entre Dinant et Liège sur la rive droite de la Meuse : les côtes forment de longues bandes étroites et parallèles, que séparent entre elles de larges vallées coulant dans le même sens. Les bois de sapins couvrent les collines ; le plateau cultivé garde encore sa monotonie, et pourtant les sites charmants ne lui font pas défaut : tels les environs de Ciney et de Modave.

Le Condroz se prolonge au Nord par les riches pâturages de la Herve au laitage renommé : ici, la vieille Ardenne rocailleuse a perdu le reste de sa sauvagerie et le pays offre toute la grâce des coteaux fertiles de la Normandie.

A gauche de la Meuse commence la Hesbaye, et avec elle la région des plaines : alors les vastes horizons ont disparu quand on se tourne vers le Nord ; la ligne de la Meuse met seule au Midi une note pittoresque dans le paysage. Quelle variété d'aspects, quelle diversité de nature depuis les Hautes-Fagnes jusqu'à la Meuse ! Malgré leur uniformité apparente, que de spectacles différents du Botrange à Namur !

L'Entre-Sambre-et-Meuse représente en petite cette suite de gradins que nous avons descendus jusqu'à la Meuse. Le plateau de Rocroi avec ses rièzes et ses forêts ressemble aux Hautes-Fagnes : le froid y est aussi vif, la vue aussi étendue. Gagnant l'angle de Namur depuis ce plateau, on traverse d'abord la Fagne de Chimay où l'horizon, fermé sur les forêts de la Thiérache, et le sol argileux, couvert de prairies et de landes, sont pleins d'attraits, sans présenter le grandiose de l'autre partie de l'Ardenne. Les villes deviennent plus nombreuses : Chimay avec son magnifique château, Mariembourg, Philippeville, anciennes villes fortes aux rues droites partant toutes en étoile d'une place centrale. Plus au Nord, Walcourt possède une jolie église ; Florennes, un beau parc.

Quand on veut rejoindre le confluent de la Sambre et de la Meuse, le plateau de Marlagne, pointe extrême de l'Entre-Sambre-et-Meuse, offre encore moins d'intérêt : il n'a ni l'âpreté des Hauts-Plateaux, ni les tableaux plus intimes du Condroz : dans les rares bosquets des environs de Namur, il est difficile de reconnaître les traces de la forêt renommée des temps antiques. Tout cela donne idée de descendre dans les vallées et, précisément, nous y voici.

IV

Si les plateaux se caractérisent par une uniformité d'aspect presque complète, les vallées, au contraire, ont chacune leur charme propre. Il faudrait les décrire une à une, les suivre dans leur cours tortueux, pénétrer avec elles dans d'étroits défilés et même sous terre, commencer la liaison sur le plateau et les quitter quand elles finissent. Le but que je poursuis est plus général : je voudrais simplement montrer comment se classent les vallées ardennaises, d'après les données géologiques des terrains qu'elles traversent. Car le rapport est grand entre la nature des rives d'un cours d'eau et son aspect pittoresque.

Dans les terrains schisteux qui forment la partie comprise au Sud de la ligne Fourmies-Givet-Harzé-Stolberg, ma tâche ne sera pas difficile. L'unité des couches traversées par les rivières de l'Ardenne proprement dite rend la généralisation des caractères très aisée à trouver.

Au Nord de la ligne Fourmies-Stolberg, il semble que ce soit le chaos, et, de fait, les vallées directement creusées dans la zone contiguë à la ligne diffèrent totalement des vallées septentrionales de l'Ardenne. Le seul moyen de mettre un peu d'ordre au milieu de cette diversité apparente est de subdiviser la région calcaire en deux classes, et toujours avec l'aide de la géologie : le terrain carbonifère, et la partie supérieure du terrain famennien (dévonien supérieur[1]), constituée par les psammites du Condroz, formeront une classe ; la partie inférieure du famennien (schistes de Famenne) et tout le dévonien moyen seront de la deuxième classe. Les vallées qui cou-

1. Les terrains dévoniens de l'Ardenne se divisent en : dévonien inférieur, dévonien moyen ou givétien, dévonien supérieur, comprenant les assises frasniennes et famenniennes.

pent la première classe seront essentiellement des vallées calcaires et rocheuses : celles de la deuxième classe seront plutôt des vallées larges et herbeuses.

Pour bien vérifier l'exactitude de ma classification, je proposerais de descendre la Meuse : les trois sortes de vallées y sont visibles ; mais la dernière est trop réduite et la première a perdu de son intérêt depuis l'établissement de nombreuses localités industrielles. La seconde seule, qui s'étend de Hastière (entre Givet et Dinant) à Visé (après Liège), reste le type des vallées carbonifères.

I. — Au premier rang des vallées schisteuses se place celle de la Semoy, qui pénètre dans l'Ardenne auprès de Chiny et rejoint la Meuse à Monthermé. C'est la mieux caractérisée de toutes les vallées de la première classe, et c'est comme touriste et comme auteur que je la recommande. Il y a là, sur un parcours d'environ 100 kilomèt., une foule de sites variés, des ravins qui ne voient jamais le soleil, des prairies assises au tournant de la rivière, et surtout des rochers sombres qui tombent à pic, au pied desquels l'eau forme un gouffre profond. Et au-dessus de cette variété plane la sauvagerie, qui est le caractère commun des vallées comme celles de la Semoy. Toutes se plaisent à se replier sur elles-mêmes entre les crêtes boisées, dont l'enchevêtrement détermine des plans sans fin : la Semoy exagère le méandre, pour employer l'expression de Jean d'Ardenne. Encaissée à plus de 200 mèt. au-dessous du plateau, elle se tortille en courbes nombreuses autour de presqu'îles boisées, hérissées comme de longues échines, qu'il faut regarder de deux rives et parcourir ensuite à travers des sentiers de chèvre. L'une des plus remarquables de ces presqu'îles est celle de Frahan. Du reste, sur la Semoy, les endroits renommés abondent ; je citerai seulement : Herbeumont, Dohan, Bouillon et son château bâti sur le roc, Rochehaut, Orchimont dans un vallon latéral, Membre, les gorges de Phade près de l'embouchure. Le soleil ne visite guère le fond des vallées ardennaises et, loin de le regretter, comme M. O. Reclus, je trouve que les roches sombres que baigne la « perle de l'Ardenne » s'en accommoderaient fort mal, au point de vue pittoresque, c'est-à-dire au point de vue de la jouissance du touriste.

Les vallées creusées sur le type de celle de la Semoy sont nombreuses : celle de la Meuse après Charleville présente des analogies frappantes avec le modèle que j'ai pris ; mais les plateaux qu'elle sépare sont plus élevés, la vallée est plus large, l'industrie l'a envahie et, s'il n'y avait pas à côté des chemins battus et rebattus quelques sites encore intacts, la superbe vallée de la Meuse aurait disparu de la liste de nos merveilles. Aux Dames de Meuse, près de Laifour, en remontant le ravin de la Commune, on oublie que plus loin frappe le marteau et siffle le chemin de fer.

Les hauts bassins de la Lesse et de l'Ourthe doivent aussi rentrer dans notre première classe : la Lesse et son principal affluent l'Homme traversent eux-mêmes des vallons sauvages ou verdoyants, et les ruisseaux tributaires de ces deux rivières renferment bien des surprises agréables que la majorité des touristes ardennais ignorent : les fonds de Daverdisse en sont un exemple. L'Ourthe est formée de deux branches, l'Ourthe occidentale qui naît sur le plateau de Libramont-Recogne, et l'Ourthe orientale qui vient de la dépression de Gouvy : l'Ourthe orientale, surtout depuis Houffalize, charmante petite ville, jusqu'à la rencontre de la deuxième Ourthe, coule dans une gorge profonde, sur un lit de cailloux, moins resserrée cependant, plus gracieuse que la Semoy. Après le confluent, la partie de son cours qui va jusqu'à Laroche, localité renommée au fond d'un entonnoir de rochers, est un idéal de sauvagerie : c'est le Hérou ; la solitude n'y a pas été détruite par la main de l'homme, et le spectacle d'une rivière vierge, si rare dans notre pays, se révèle d'un coup au touriste, qui y pénètre avec une certaine difficulté. L'Ourthe occidentale est loin d'égaler en intérêt son homonyme de l'Orient : elle atteint vite les plateaux, et son cours n'est guère resserré que vers le confluent.

Le principal affluent de l'Ourthe, l'Amblève, et surtout la Lienne qui se jette dans cette dernière, sont encore des eaux sauvages : aux fonds de Quarreux, le chaos des roches éboulées que traverse l'Amblève, en aval, la remontée de la vallée de la Lienne, et aussi, en maints endroits, la masse des rochers qui surplombent la Salm, sont des tableaux qu'on ne se lasserait pas de contempler : je ne m'arrêterais pas si je voulais énumérer toutes les merveilles de l'Amblève, l'une des vallées les plus respectées de l'industrie humaine : je dois au moins citer le défilé sous la Gleize et Stoumont, la vallée du Roannay, la cascade de Coo, Stavelot et ses environs.

L'Amblève reçoit à droite une petite rivière, la Warche, qui mérite mieux qu'une simple mention : en amont de Malmédy, ville curieuse à bien des points de vue, la Warche pénètre dans un massif de grès triasique, qui constitue une île au milieu des schistes cambriens des Hautes-Fagnes : la rivière détermine là des accidents de terrain inconnus aux autres vallées ardennaises, et dont le type est la vallée du Neckar à la traversée de l'Odenwald ; ce ne sont plus les roches sombres qui s'élèvent en pente raide, souvent à pic, ce sont des croupes boisées figurant des rondeurs régulières comme un cône, séparées entre elles par des gorges profondes, le tout s'entremêlant et forçant la rivière à décrire une courbe autour de chaque colline, pour apparaître, après chaque courbe, au pied des bois et des pentes vertes, et disparaître bientôt derrière une croupe suivante. La route du Botrange à Malmédy, qui descend en lacets, présente sur la Warche le plus agréable des tableaux ; cette route vient de traverser les Hautes-Fagnes et le spectacle est encore rehaussé par l'antithèse des contrastes.

L'Ourthe, au moment de finir dans la Meuse à Liège, reçoit la Vesdre, dont l'attrait naturel a disparu depuis longtemps, à la suite de la création de villes industrielles : Eupen, Dolhain, Verviers, Pépinster. La rivière est grossie de deux ruisseaux qui nous offrent une compensation bien méritée : la Gileppe et la Hoëgne grossie du Wayai. Tous deux descendant des Fagnes par une pente rapide, véritables torrents en hiver, desséchés en été et coulant une eau rare. La Gileppe resterait un ruisseau ignoré si l'industrie de Verviers, souffrant du manque d'eau, n'avait résolu de la barrer par une digue énorme et n'avait ainsi, au milieu du Hertogenwald, fourni au touriste l'occasion de contempler un lac véritable de plusieurs kilomètres de longueur et du plus majestueux effet. Les bouleaux et les chênes du Hertogenwald lui font un cadre non moins grandiose que les forêts de sapins aux lacs des Vosges. Pour la Hoëgne, sa renommée bénéficie de la construction de la ville de Spa sur son affluent, le Wayai : Spa, ville d'eaux luxueuse, située au centre d'une ceinture de collines boisées, au pied même des Fagnes, dont l'exploration mérite autant que la ville et ses hôtes d'attirer les promeneurs.

A côté des trois grands affluents de droite de la Meuse, la Semoy, la Lesse et l'Ourthe, des vallées moins importantes, mais tout aussi intéressantes, se partagent l'admiration des visiteurs qu'elles reçoivent : celle de la Houille, auprès de Givet, type des rivières primitives sans routes ni villages sur un parcours de 20 kilomèt. ; et, au Nord de l'Ardenne, la sauvage vallée de la Roër (et celle de son affluent l'Urft), qui renferme le site romantique de Montjoie, avec son vieux château en ruines.

Les vallées qui se trouvent à gauche de la Meuse sont moins caractérisées que celles de la partie droite. L'Eau-Noire et l'Eau-Blanche, dont la réunion forme le Viroin, creusent dans le plateau de Rocroi nombre de passages solitaires et gracieux quand même. La Sormonne qui rejoint la Meuse entre Mézières et Charleville, mérite une mention, quoique peu visitée des touristes, qui lui préfèrent, je le comprends, la Meuse, la Semoy et l'Ourthe ; enfin l'Oise auprès d'Hirson ne doit pas être non plus oubliée.

II. — La deuxième zone que doivent traverser la plupart des rivières ardennaises et en particulier, la Meuse, la Lesse et l'Ourthe, est la moins vaste des trois zones que j'ai admises. Elle comprend au point de vue géologique les étages givétien, frasnien et famennien inférieur (schistes de Famenne) de M. Gosselet. C'est une zone de calcaires et de schistes d'une nature différente de ceux de la zone ardennaise proprement dite. Elle se caractérise parfaitement aux environs de Givet, sur la Meuse et le Viroin ; de Rochefort, sur la Lesse ; de Barvaux, sur l'Ourthe. La vallée y est large et riante ; les collines affectent la forme de cônes arrondis : le Mont d'Haur à Givet, par exemple. Les roches calcaires grisâtres ou bleues commencent ici, et souvent les rivières les traversent dans d'étroits défilés ou souterrainement. La Meuse de Vireux à Hastière, le Viroin, l'Ourthe de Hampteau à Comblain-au-Pont, au confluent de l'Amblève, sont les principales rivières qui coupent notre zone. L'Eau-Blanche la franchit sous terre auprès de Couvin, et la Lesse profite de la perméabilité des roches calcaires pour s'épargner un détour et creuser les merveilleuses grottes de Han : du reste, les grottes abondent autour de Rochefort ; mais aujourd'hui nous avons mieux, dans les Causses, depuis les belles découvertes de M. E.-A. Martel.

Les rochers magnifiques commencent à se montrer en grand nombre dans la seconde zone : je ne veux citer que ceux du Viroin à Dourbes, ceux de l'Ourthe qui enserrent Durbuy, et le massif de Sy sur la même rivière.

Les autres rivières de l'Ardenne ont une faible partie de leur cours à travers la zone des calcaires et des prairies : telles l'Amblève, la Hoëgne, la Vesdre, sur les rives de laquelle on trouve le joli site de Chaudfontaine. L'Hermeton, petite rivière qui se jette dans la Meuse entre Givet et Hastière, parcourt la plus ravissante des vallées secondaires qui arrivent au grand fleuve.

La Sambre supérieure, où la ville de Thuin est la seule curiosité, et quelques-uns de ses affluents sont assez peu fréquentés. Et cependant l'Heure et l'Acoz renferment de charmants vallons, entre des coteaux riants qui tranchent net sur les alentours de Charleroi, le pays de la houille.

III. — D'Hastière à Visé, longeant la Meuse, par n'importe quel moyen de locomotion, ce qui frappe, ce sont les longues crêtes de roches claires, déchiquetées par les eaux, abîmées, hélas ! aussi par l'exploitation des hommes. Ces masses de rochers qui forcent le fleuve à décrire de longues courbes, souvent couronnées de ruines des châteaux du moyen âge, sont caractéristiques de la troisième zone : la zone carbonifère, le règne du calcaire. Ici, on remplirait un volume (et d'autres que moi l'ont déjà fait) à raconter les sites que traverse le fleuve, à examiner une à une chaque masse de rochers gris ou blancs, percés de trous noirs, où nichent les corneilles, renfermant même de véritables cavernes que l'imagination populaire a peuplées de nains fantastiques, les « nutons. » Je ne veux pas reprendre l'œuvre de M. Jean d'Ardenne, en particulier, mais je ne puis me dispenser de citer quelques-unes des merveilles que l'on rencontre dans ce long parcours : ce sera d'abord Dinant, charmante petite ville au centre d'une foule de curiosités pittoresques ; la vallée inférieure de la Lesse, depuis Houyet jusqu'à Anseremme ; le château de Walzin, à pic sur la rivière ; l'aiguille de Chaleux, et le cirque de Furfooz avec les grottes fouillées par M. Dupont ; la Meuse en amont de Dinant, Freyr et Waulsort : en aval, les ruines de Montorgueil et de Crèvecœur, citadelles rivales : celles de Poilvache, le ravin de la Molignée avec Montaigle ; puis plus bas, voici Yvoir et le Bocq, Godinne, Rivière ; il faudrait nommer chaque village et chaque crête : les rochers de Hun, de Chauveau, de Frêne, etc. Enfin, nous arrivons à Namur, ville importante au confluent de la Sambre, que je mentionne simplement. Mais autour de Namur, que de choses à voir : les rochers des Grands-Malades, de Marche-les-Dames, immense rempart qui barre le fleuve ; ceux de Samson, percés de cavernes, la vallée du Houyoux, et la vallée de la Sambre à suivre jusqu'à Thuin. Pour gagner Huy, le voyage est loin de manquer d'intérêt : Sclayn, Andenne, les ruines de Beaufort coupent agréablement la route, et, une fois à Huy, il faut suivre les bords du Hoyoux, afin de saisir l'aspect caractéristique des vallées du Condroz, et ceux de la Méhaigne, qui traverse la Hesbaye. Après Huy, la suite de rochers continue ; mais, depuis Namur, l'industrie des pavés a gâté beaucoup de superbes massifs. Ceux d'Engis, d'Engilhoul de Chokier sont célèbres dans les fastes de la préhistoire. Puis, à partir de Seraing, c'est le triomphe des usines métallurgiques. Enfin, Liège apparaît : encore une grande ville que je cite pour mémoire. Jusqu'à Visé, les plateaux des deux rives diminuent de hauteur et, finalement, la Meuse entre dans les plaines tertiaires.

La zone carbonifère est certainement la plus intéressante pour qui aime les roches aux tons gris, plus gaies, plus majestueuses quelquefois que les fonds schisteux ou les collines calcaires. Sur la Sambre, depuis Thuin, après avoir dépassé la fourmilière de Charleroi, il y a quantité de coteaux verdoyants, et la vallée inférieure de l'Ourthe est pleine d'attrait, quoique déchirée par l'abatage des pavés. La vallée de l'Amblève, auprès du confluent, présente le même aspect sans la mutilation.

Telle est l'Ardenne, en général : tels sont ses caractères, ses limites. La conformation de ses plateaux et de ses vallées nous a conduit à exquisser rapidement l'aspect pittoresque de ce charmant pays. Mais cette étude n'est en somme qu'une introduction : c'est dans le récit de nos excursions et dans la description des sites variés qu'elle renferme que nous pourrons vérifier les idées que j'ai émises sur la caractéristique de l'Ardenne. Aussi j'espère avoir bientôt l'occasion de raconter ici même les courses nombreuses que j'ai faites à travers le Condroz, la Famenne, l'Entre-Sambre-et-Meuse, les Hauts-Plateaux, et, en écrivant la géographie pittoresque de l'Ardenne, je n'ai qu'un désir : remplir dignement le devoir que m'impose mon titre d'Ardennais (1).

(Extrait de l'*Annuaire du Club Alpin Français*, 1889.)

---

(1) Depuis que ces lignes ont paru dans l'*Annuaire du Club Alpin français*, j'ai à ajouter à la courte bibliographie mentionnée dans le cours de ce travail un intéressant discours prononcé à Verdun par mon ami et collègue Ch. Houin : les idées que j'ai développées ici y sont reproduites d'une façon particulièrement expressive.

SEDAN

AUX XVIIME & XVIIIME SIÈCLES

SEDAN

AUX XVIIme & XVIIIme SIÈCLES

Les voyageurs — j'allais dire les touristes — qui ont visité notre ville avant le XIXe siècle, ne nous ont presque rien laissé connaître de leur opinion sur elle, et cependant les communications devaient être assez fréquentes entre Paris et Sedan, puisque les voitures publiques datent de 1598 (1). C'est qu'à cette époque, les relations de voyage en France étaient peu nombreuses : les hommes du siècle de Louis XIV ignoraient les comptes-rendus d'excursion, et prenaient peu de notes sur les pays qu'ils traversaient.

Nous avons eu la bonne fortune de découvrir deux ouvrages imprimés, composés en 1660 et en 1775, par deux abbés de Paris, et parlant tous deux de l'Ardenne et de Sedan.

I

Le premier est un ouvrage en plusieurs tomes intitulé : *Voyage fait à Munster en Westphalie et autres lieux voisins en 1646 et 1647, par M. Joly, chanoine de Paris.* L'auteur était attaché à la famille de Longueville, dont le chef était chargé de négocier au nom du roi de France le fameux traité de Westphalie, mettant fin à la guerre de Trente ans. Parti de Paris le 20 juin 1646, l'abbé Joly coucha à Coulommiers le premier jour ; le 28 juin seulement, il était à Reims, s'étant arrêté à Jouarre, Château-Thierry, Dormans ; le 1er juillet, il descendait à Rethel, et le 5 il vint visiter Sedan.

Voici ce que l'auteur dit de notre ville :

Le cinquième juillet, j'allay me promener à Sedan qui est une souveraineté dont le Roy est à présent maître et possesseur. Je laissay à main gauche une petite ville sise au-dessus de Charles-

(1) Du moins, M. Prégnon l'affirme.

ville à my-chemin, appelée Donchery, où il y a un pont sur la Meuse.

La ville de Sedan est située sur la même rivière du côté du Luxembourg. Elle n'est guères plus grande que Charles-ville, mais elle est achevée et beaucoup plus peuplée. Les rües y sont fort belles, larges et bien droites ; les bastiments propres tout couverts d'ardoises. Il n'y a qu'une paroisse (1) vers le faux-bourg appelé du Mesnil, qui est régie par les Pères de la Mission. Plus bas vers le milieu de la ville est le Temple des Religionaires (2) dont cette ville est remplie. Le Prince, les Officiers, les Escoliers et les plus notables Bourgeois y ont tous leurs places séparées dans les galleries hautes. Les petits Ministres qu'ils appellent Diacres, sont en bas devant la chaise du Prédicant, laquelle est au milieu, et tout alentour sont les sièges des femmes. Il y a deux portes aux deux bouts qui sont sur deux places dont l'une est plus grande que l'autre (3). Dans celle d'en-haut est une assez belle fontaine qui jette son eau dans un bassin. Le collège de la ville est un bâtiment antique (4). La maison où l'on tient la Justice est petite (5). On faisait alors dans la ville un bâtiment pour y établir une draperie semblable à celles de Hollande (6). Il n'y a que deux portes en la ville, celle du Mesnil en haut, hors laquelle est un faux-bourg fortifié et entouré d'eau qui vient de la rivière ; et au bout est encore un autre faux-bourg non fortifié (7). Celle d'en bas s'appelle porte du rivage, au bout

(1) Ancienne église Saint-Laurent.

(2) Aujourd'hui l'église Saint-Charles.

(3) La plus grande des deux places est la place d'Armes ; l'autre était située dans la rue Sainte-Barbe ; sur cette place Louis XIV fit bâtir en 1688 le chœur de l'église à ses frais.

(4) C'était encore, en 1646, la maison des Douze-Apôtres, rue de Bayle.

(5) Ancien hôtel de ville, à l'angle des rues Saint-Michel et de l'Horloge.

(6) Le Dijonval.

(7) Le faubourg fortifié est celui du Ménil. L'autre est le quartier vers Balan, dit Happe-Tout.

de laquelle est un faux-bourg du même nom, où il y a des Capucins. Entre la ville et la rivière, il y a un promenoir planté d'arbres que je ne vis que de loin.

Derrière la ville est le chasteau ou plutost la citadelle qui est bâtie sur un roc creusé en beaucoup d'endroits, grandement fortifié. En bas sur la porte et à main gauche en entrant est le chasteau neuf dans une cour médiocre ; et derrière est une basse-cour avec d'autres bâtiments. De la première cour, on monte à main droite en tournoyant au vieux chasteau, qui est une vraye prison ; sur la terrasse sont quelques bastiments, entre lesquels est celui des canons qui y sont en grand nombre gros et petits. Je vis toutes les fortifications alentour de la place, d'où on me montra des montagnes qui sont au-delà des prairies de la Meuse, sur l'une desquelles proche d'un petit bois se donna la bataille où fut tué en 1641 M. le comte de Soissons. Derrière la basse-cour du chasteau neuf, il y a encore une autre citadelle appelée le Fer à Cheval. Monsieur Faber était gouverneur du tout.

II

L'abbé Coyer, le deuxième des auteurs qui ont parlé de Sedan, voyageait pour son plaisir : il publia à Paris en 1775 ses « *Voyages en Hollande et en Italie* » accomplis en 1769, et dont nous extrayons les pages suivantes sur Sedan. Comme l'auteur parle aussi de Bouillon, nous ne croyons pas inutile d'ajouter les lignes relatives à cette petite ville :

De Liège, j'ai dirigé ma route sur Bouillon, distante de vingt lieues, en traversant les Ardennes, pays très élevé et très sec. J'y ai vu peu de villages et peu de culture. Je croyais y voir la terre couverte de moutons. J'ai eu beaucoup à rabattre. Ce qu'on y trouve sûrement, ce sont de mauvais gîtes.

A une lieue de Palisseux, premier bourg du duché de Bouillon, j'ai fait une pause au château de Carlsbourg. Ce canton est bien cultivé et abonde en troupeaux. Deux jours que j'ai passés dans le château m'ont dédommagé de l'ennui qu'on éprouve en parcourant un pays désert et de la diète que j'avais faite.

De Carlsbourg, on descend à Bouillon, à une grande profondeur ; cette ville enclavée dans le duché de Luxembourg, ne tenant du côté du midi qu'à la principauté de Sedan, tire un grand renom du fameux Godefroi de Bouillon, le héros du Tasse, nom illustré encore dans des temps plus rapprochés de nos jours. Elle est serrée de tout côté par les montagnes, sans pouvoir s'étendre. Une rivière poissonneuse, la Semoy, en fait une presqu'île et semble avoir de la peine à trouver par où entrer et par où s'échapper. La citadelle, sur un rocher presqu'inaccessible, serait une pièce de la plus grande résistance, si elle n'était pas commandée. La montagne qui est en face est cultivée et forme un amphithéâtre agréable, fruit de l'industrie des habitants, qui ont vaincu la difficulté de la culture.

La ville est peuplée de quatre mille habitants. Elle le serait davantage, aussi bien que tout le duché, si le commerce, qui vivifie tout, en aidant l'agriculture, lui était ouvert chez les puissances voisines. Le mot *contrebande* est un terrible mot. Il y a bien des siècles que cette souveraineté se soutient au milieu des grandes puissances, en passant d'une maison à une autre (1).

(1) Quelle différence dans ce langage de l'abbé Coyer et dans celui d'un écrivain français, ancien militaire de la garnison de Sedan, *M. de Guibert,* venu à Bouillon en 1784 et s'exprimant ainsi dans ses notes de voyage, à la date du 31 juillet :

« En approchant de Bouillon, commencement des Ardennes,
« mauvais pays ; beaucoup de rochers, de montagnes et de bois.
« Joli vallon, cours de la Semoy. Ces pays affreux, pour presque
« tout le monde, ont du charme pour moi : ils me donnent tou-
« jours l'idée des deux plus grands biens de la vie, *la retraite*
« *et la liberté.* »

Et plus loin, à la date du 1er août :

« Situation de ce château et de la ville de Bouillon, horrible et
« pittoresque. On se croirait en Suisse, ou dans un coin des

La première ville qui s'est présentée à moi en rentrant en France, c'est Sedan, place importante sur la Meuse, aux frontières de Luxembourg. Dans le dernier siècle, elle appartenait en souveraineté à la Maison de Bouillon : c'est dans son château ou sa citadelle que le grand Turenne reçut la naissance et l'éducation ; c'est dans ses remparts que son frère aîné, revêtu de la souveraineté, donna un asyle au comte de Soissons, contre le ressentiment du Cardinal de Richelieu ; c'est à une lieue de la ville qu'il gagna la bataille de la Marfée contre l'armée française commandée par le maréchal de Châtillon, victoire qui lui coûta cher peu de temps après. Il fit grand plaisir au Cardinal de lui fournir une occasion de le dépouiller ; car le ministre en voulait plus à sa principauté qu'à sa tête. La tête fut sauvée, mais la ville fut réunie à la couronne de France ; et c'est depuis cette époque qu'elle est devenue une des clefs du royaume.

Ses fortifications sont pourtant négligées ; ce qu'on ne répare pas à peu de frais coûte souvent plus cher dans l'avenir. Sa situation sur la Meuse donne de grands avantages pour le commerce. Elle a quatre grandes manufactures des plus beaux draps qui se fassent en Europe. J'en ai visité une depuis la première main jusqu'à la dernière. J'ai appris avec regret qu'elle avait ci-devant cent quarante métiers battans, et qu'elle n'en a plus

« Pyrénées. Le cours de la Semoy embellit ces horreurs ; mais « je l'aime mieux loin de Bouillon, et dans les vallées voisines. « Je trouve que sa nature brute et sauvage est gâtée, dans ce « genre de beauté, par le coup d'œil qu'offre une petite ville. Il « ne lui faut pour accompagnement que des ruines, un vieux « pont, des maisons rustiques, ou quelques châteaux antiques, « assis sur un sommet escarpé, ou sur un penchant ombragé de « grands bois. Une ville fait une trop grande masse blanchâtre, « et toute l'harmonie du paysage est détruite. On n'aime dans la « nature que ce qu'on voudrait transporter, et ce qu'on trans- « porterait avec succès sur la toile ; et, par analogie, je n'aime « dans les tableaux de paysages que ceux que je voudrais pouvoir « réaliser. »

Quelle vérité d'expressions et de sentiments à propos de la rivière que nous appellions autre part « *la perle de l'Ardenne !* »

qu'une soixantaine ; que telle puissance, à qui on faisait de grands envois, n'en veut plus. Les Anglais nous nuisent partout. Chaque manufacture, si le commerce était encore dans sa vigueur, occuperait environ quatre mille bras. Deux chefs de ces manufactures ont été annoblis ; ils l'ont mérité, je pense, en faisant vivre tant de monde, et en contribuant à la fortune de l'Etat, en même temps qu'ils font la leur.

On ne sçaurait passer à Sedan sans se souvenir du maréchal Fabert, qui en fut longtemps gouverneur, et sans applaudir à Louis XIV, qui éleva si haut le mérite sans naissance, qui voulut même le décorer du cordon bleu, décoration que sa modestie refusa. L'histoire nous dit que, dans ce temps, où la superstition infatuait encore les esprits, l'imbécile vulgaire attribuait au diable la grandeur de ses succès. On en revint, lorsqu'on le vit fonder un couvent de Capucins qui a une magnifique terrasse sur les fortifications mêmes, avec des points de vue admirables : à cette œuvre de dévotion, il joignit plusieurs titres-patriotiques ; en voici un entre autres : la ville lui fit présent d'une riche tapisserie ; il en destina le prix à un ouvrage public. Son tombeau en marbre noir est dans l'église des Capucins, petit monument pour un tel homme.

SOUVENIRS DE LA RÉVOLUTION

LES PAPIERS D'UN ÉMIGRÉ

SOUVENIRS DE LA RÉVOLUTION

LES PAPIERS D'UN ÉMIGRÉ

Il m'est tombé, l'autre jour, sous la main, une pièce, une simple feuille portant au dos : *Dénonciation et grande découverte par le Père Duchesne et ses camarades.* Le nom du Père Duchesne me mit en éveil, et je lus la pièce que voici :

« Le citoyen L.-J. Bailly, employé au trésor de l'armée des Ardennes, domicilié à Sedan, rue des Laboureurs, chez la citoyenne Drouin, actuellement détenue au Mont-Dieu, déclare que, cet après-dîner, dix-huit frimaire, an IIe de la République, voulant prendre un violon qu'il soupçonnait être dans une boëte dans sa chambre, a décroché ce qui s'opposait à l'ouverture de la dite boëte et a été fort étonné de voir sortir au lieu du violon des lettres addressées les unes à la citoyenne Drouin, d'autres à un nommé de Maillan. Après lecture de quelques-unes, il a remarqué qu'elles contenaient une correspondance avec le dit citoyen de Maillan, tantôt à Coblentz, Paris, Sainte-Menehould, etc., et a cru devoir faire part de sa découverte aux citoyens Lemonnier et Wuillaume ci-présents. Il est à remarquer que le citoyen Péchard, domestique du citoyen Lemonnier, était présent à l'ouverture de la dite boëte.

« Le dit citoyen Bailly requiert le comité révolutionnaire de nommer deux de ses membres à l'effet de sceller la dite boëte et de l'enlever après avoir constaté son contenu.

« Fait à Sedan, le 18 frimaire, l'an IIe de la République une et indivisible.

« Lemonnier
(comme ayant reçu la déclaration).

« Bailly.

« Wuillaume
(comme ayant reçu la déclaration). »

Continuant mes recherches, je parvins à découvrir dans une liasse portant pour titre : *Pièces relatives aux dénonciations au sujet de Monsieur Desrousseaux, ci-devant maire de Sedan* (1), les lettres visées ci-dessus.

Je vis d'abord que, le jour même de la déclaration de Bailly, 18 frimaire, les membres du comité révolutionnaire dressaient le procès-verbal suivant :

« LIBERTÉ — ÉGALITÉ — RÉVOLUTION

« Cejourd'hui, dix-huit frimaire, l'an IIe de la République française une et indivisible, d'après les déclarations du citoyen Bailly, employé au trésor de l'armée des Ardennes, accompagnés de Lemonnier, contrôleur général des armées, et Willôme, payeur-général de celle des Ardennes, que ledit citoyen Bailly avait trouvé dans une boîte à violon des lettres qui lui avait parues suspectes, nous membres du comité révolutionnaire soussignés, nous sommes transportés rue des Laboureurs, maison de la veuve Drouin, à l'effet de reconnaître la légitimité de la déclaration, dans lequel lieu étant arrivé nous avons été introduits dans un petit cabinet situé au 1er étage, à gauche d'une chambre à porte vitrée, et là on nous a représenté un étui à violon, lequel s'est trouvé contenir cinquante-huit pièces, tant lettres qu'enveloppes et billets. Lesquelles pièces, après avoir été comptées en présence des soussignés, ont été sur le champ remises dans ladite boîte, laquelle nous avons refermée après avoir apposé le cachet du comité révolutionnaire et emporté ladite boîte au comité pour y être examinée. Déclarons que le présent servira à la décharge des trois susdits déclarants. Et avons signé le présent ainsi que les déclarants sur ce requis.

« COTTIBRAUX. JENDRB. CASSIUS.
« LEMONNIER. BAILLY. WUILLAUME. »

Reprenant à cent ans de distance l'enquête du comité révolutionnaire, je compulsai les fameuses pièces et c'est le résultat de mes recherches que je donne ici.

***

Un mot d'abord sur la famille de M. de Maillan,

(1) Archives de Sedan : carton K 6, série Z, n° 7.

le possesseur de la boîte à violon, et sur Mme Drouin, sa parente, disons-le de suite, son aïeule maternelle.

Madame veuve Etienne Drouin était la femme d'un manufacturier de la draperie royale de Sedan, mort avant 1789 ; elle était née Marie-Jeanne-Françoise Crommelin ; elle avait, autant que la correspondance saisie chez elle permet de l'établir, deux filles (1) : l'aînée, mariée avec M. Charles Bruyère, le manufacturier sedanais ; la cadette, mariée en premières noces à Joseph-Honoré de Maillan, officier au régiment de Montecler-dragons, et en secondes noces à un M. Foulcher.

Le onze novembre 1768 fut célébré le mariage « de Joseph-Honoré de Maillan, 25 ans, officier de Montecler-dragons de la Canourgue (2), diocèse de Mende, fils de Messire Jean-Baptiste de Maillan, chevalier, seigneur de Grand Lac, la Caze, Pessades, le Mazelet, Malleville, le Marquisat Roqueyson, coseigneur de la ville de Mende, de la Canourgue et autres lieux, de la paroisse de Saint-Roch de Paris, de fait, et de dame Marie-Jacquette de Mostuejouls (3), d'une part, — et de Marie-Victoire-Adelaïde Drouin, 22 ans, fille mineure de Etienne Drouin et demoiselle Marie-Jeanne-Françoise Crommelin, ses père et mère, de la paroisse de Charleville, de fait, d'autre part.

« Etaient témoins : Messire Alexis-Alexandre de Barbazan, chevalier de l'Ordre royal et militaire de Saint-Louis, capitaine au régiment de Montecler-dragons, gouverneur de Saint-Emilian, chargé d'agréer au mariage, par procuration de Messire et Dame de Maillan, Cœzar Joseph Daguesseau, chevalier de Saint-Louis, ingénieur en chef pour le Roy, à Bouillon, ami de l'époux, — Etienne Drouin, père de l'épouse, — sieur Charles Bruyère, beau-frère de l'épouse, — Messire Marie-Prosper Augron de la Tanchère, chevalier de Saint-Louis, major de cette place. »

De ce mariage naquirent deux fils et une fille :

(1) Le docteur Drouin, l'inventeur du *cache-épouti*, mort à Torcy en 1851, né à Metz en 1765, était fils de Jean-François Drouin et de Marie Milliard ; il n'était donc pas le fils de Madame Etienne Drouin, comme me l'ont assuré à tort plusieurs de mes compatriotes que je n'en remercie pas moins.

(2) Aujourd'hui chef-lieu de canton de l'arrondissement de Marvejols (Lozère).

(3) Aujourd'hui commune du canton de Peyreleau, arrondissement de Millau (Aveyron).

l'aîné se nommait *Jean-Baptiste Maillan*, le cadet *Etienne-Marie-Fortuné*, ainsi qu'il résulte d'une déclaration de Mme Drouin. Ils étaient tous deux officiers au régiment du Roy ; l'aîné vint à Sedan en 1791, à l'époque du licenciement du régiment du Roy, après avoir fait les garnisons de Nancy et de Sainte-Menehould ; il se trouvait à Nancy au moment de l'échauffourée du 31 août 1790 (1). A ce propos, l'abbé de Maillan, son oncle, écrivait de Marvejols à un officier du régiment de son neveu le 24 septembre 1890 :

« *D'après les événements relatifs à la garnison de Nancy et sur lesquels tous les honnêtes François ont gémi, j'ay été particulièrement affecté des dangers que vous avez courus à la tête du régiment du Roy, je devais cest intérest aux bontés que vous avez eu pour mon neveu....; la conduite des officiers du régiment du Roy est bien propre à effacer ou du moins à faire oublier le crime du rebelle.* » (Lettre du 24 septembre 1790).

Le comte de Maillan, l'aîné, devait être remplacé au 102e régiment, comme sous-lieutenant (2), mais il n'en fut rien, et il émigra en octobre 1791 pour rejoindre à Coblentz le prince de Condé et le comte d'Artois (3). Son frère, le chevalier venu à Sedan en septembre 1788, partit pour Bordeaux fin avril 1791, afin d'essayer de se faire remplacer comme sous-lieutenant ; malheureusement, comme il le dit dans une lettre du 16 mai, adressée à son frère aîné, Etienne de Maillan fut renvoyé *au calendrier des grecs ;* il suivit son frère à Coblentz, et tous deux furent portés comme solvables sur la liste

(1) A Nancy, trois régiments voulurent forcer leurs officiers à rendre compte de la solde qu'ils les accusaient d'avoir détournée à leur profit. Le marquis de Bouillé, qui commandait à Metz, chargea contre eux et les vainquit après une lutte sanglante. Trente-deux soldats suisses du régiment de Châteauvieux furent condamnés à mort et quarante et un aux galères. (Maréchal. Hist. contemporaine).

(2) Lettre du 6 mai 1791, de Vitry-le-François, signée Dautty.

(3) Lettre du 6 novembre 1791, de Sedan, sans signature, adressée à M. de Malville, officier français, poste restante, Coblentz. Cette lettre est de M. Bruyère.

dressée le 23 thermidor de l'an III, à l'effet de confisquer leurs biens. Le tableau porte :

Les deux Maillan, anciens officiers ; pas de propriété foncière ; ont dû hériter d'une certaine fortune mobilière de leur grand-père, Etienne Drouin.

Les juges de paix chargés de visiter les personnes soupçonnées de parenté ou de relations avec des émigrés, dressèrent à propos des frères de Maillan, la note suivante :

Cejourd'hui vingt-sept septembre mil sept cent quatre-vingt-treize, l'an deux de la République française, nous, *Pierre Brazy* et *Pierre Cunisse*, juges de paix élus dans la ville de Sedan, sur l'avis qui nous a été donné ce jour par les membres du comité de surveillance de cette ville, qu'il existait en cette même ville des parents d'émigrés aux degrés indiqués par la loy du dix-sept de ce mois, assistés du citoyen *Jean Adam*, membre dudit comité de surveillance, et de notre greffier, sommes transportés au domicile de la citoyenne *Cromelain*, *veuve d'Etienne Drouin*, situé rue des Laboureurs, n° 324 (1), où étant nous l'avons sommée au nom de la loy de nous présenter ses papiers et correspondances que ladite citoyenne aurait pu avoir avec les deux Maillan, ses petits-fils, ci-devant au service et émigrés, laquelle citoyenne Drouin nous a dit qu'elle ne pouvait nous représenter auqu'un papier, n'ayant eu avec les dits petits-fils auqu'une correspondance depuis le mois de décembre 1791, qu'ils ont quitté cette ville malgré elle et avec lesquels elle est brouillée depuis ce temps, déclarant au surplus n'avoir jamais eu ses petits-fils en sa puissance....

Notre concitoyen, M. Ch. Pilard, qu'on ne peut se dispenser de citer dans toute étude sur la Révolution à Sedan, raconte, dans la huitième période de ses Souvenirs, l'histoire d'un petit de Maillan effrayé, à la vue du bonnet rouge d'un

(1) Les maisons de Sedan étaient, à cette époque, numérotées maison par maison et non rue par rue. Le n° 324 correspondait au n° 2 actuel (maison Louis Bacot). C'est la maison des Poupart de Neuflize, dans le recensement de 1820, le premier depuis la transformation des numéros. (Délibération du 15 octobre 1819). Les Bruyère occupaient la maison voisine, n° 4 actuel (maison Monard, aujourd'hui à la ville).

jacobin exalté autant par le vin que par les idées ; ce petit de Maillan serait, d'après M. Pilard, le fils de Jean-Baptiste de Maillan, et, partant, l'arrière-petit-fils de Mme veuve Drouin. Nous n'avons aucun document relatif au mariage de M. de Maillan : jamais, dans les lettres que nous possédons, il n'est fait allusion à une dame de Maillan jeune ; peut-être cet enfant serait-il le fils de Mme veuve de Maillan, mariée en secondes noces à un nommé Foulcher, et dont il est parlé à plusieurs passages de la correspondance de la mère et des fils.

Maintenant que nous voici à peu près renseignés sur la famille de Maillan, dépouillons notre dossier et tirons-en le plus de renseignements possible.

Ce dossier comporte 56 pièces, toutes saisies dans la boîte à violon de la rue des Laboureurs. Ces 56 pièces comprennent : 43 lettres, adressées pour la plupart à M. de Maillan l'aîné, une seule à Mme Drouin : 7 enveloppes de lettres ; 2 adresses :

Madame de Villars, hôtel de Francfort, rue des Vieux-Augustins.

Cachard, horloger, rue de la Chanverrerie, donnant sur la rue Saint-Denis, N° 5, au premier, à Paris.

Un passeport délivré au comte de Maillan, par la municipalité de Nancy, le 3 septembre 1790 :

Un mémoire « *des ouvrages que Lacour* (*tailleur*), *a fait et livré à Monsieur de Maillan.* »

Un avis adressé par Vignon, marchand de cartes de géographie, rue Dauphine, vis-à-vis la rue d'Anjou, que M. de Maillan veuille bien retirer les feuilles nouvellement parues de la carte générale de la France en 20 feuilles, au prix de 2 livres par feuille. Cet avis désigne encore : la flore française de Charles de La Marck :

Deux bouteilles d'eau pour les dents du sieur Grecnouck, qui se vend chez le successeur du sieur le Drun, épicier, rue Dauphine, à main droite en y venant par le Pont-Neuf ; chaque bouteille ou petit flacon coute 24 sols.

Un prospectus d'un marchand tailleur :

Quenin l'aîné, marchand tailleur, se propose de

fournir les habillements énoncés, tels que l'acheteur désirera, au comptant. On y trouvera des étoffes nouvelles en tous genres, et à se faire habiller en 12 heures, rue du passage des Petits-Pères de la place des Victoires, près le Palais-Royal, N° 8. Tient l'hôtel des Etats-Généraux meublés, il y a des logements à différens prix, très commode, pour les étrangers.

Suit l'énumération avec les prix des vêtements pour la saison de printemps : nous y trouvons :

Habit complet de drap de Sedan, telle qualité, doublé en soie.........115 l.

Puis, vêtements pour la saison d'été, pour Messieurs les juges des nouveaux tribunaux, et Messieurs les commissaires du roi, pour Messieurs de la garde-nationale, qui pourraient s'offrir :

Habit de drap bleu-de-roi, teint en laine de la meilleure qualité, veste et culotte en drap blanc, doublé en beau voile buratté, boutons d'une seule pièce. 120 l.

Le même, en drap de Sedan, belle qualité, veste et culotte en drap blanc.... 140 l.

Le prospectus se termine par les vêtements pour les dames qui « monte » à cheval, saison d'hiver pour les domestiques.

***

Les pièces qui présentent pour nous le plus d'intérêt sont, sans contredit, les lettres adressées tant à M. de Maillan, par sa famille ou ses amis, que la lettre unique de M. Crommelin à sa sœur, Mme Drouin, et les deux lettres du chevalier de Maillan à sa nièce. Toutes ces lettres sont des correspondances personnelles qu'il ne nous appartient pas de publier, car nous savons qu'il existe encore des descendants de la famille Drouin : mais rien ne nous empêche de donner l'origine et la destination de ces lettres et d'en extraire le récit des évènements que tout Sedan a pu connaître de 1789 à 1791.

Les lettres à M. le comte de Maillan, au nombre de trentre-neuf, lui sont adressées à Sedan, Paris, Verdun, Sainte-Menehould, Nancy, Coblentz. Elles viennent de sa grand'mère, Mme Drouin, femme d'un grand esprit, à en juger d'après son style, — de sa tante, Mme Bruyère, — de sa mère, Mme de Maillan, — de ses oncles, l'abbé de Maillan et M. Bruyère, — de son frère, le chevalier de Maillan, — de sa sœur, Mlle de Maillan, — d'un officier de ses amis, en garnison à Nancy, ensuite à Vitry-le-François, — d'un M. Maucler et d'une demoiselle Denise Guériot, tous deux de Sainte-Menehould, — de Dautty et commandant de Lanjamet, pour affaires de service, — de M. de Balan, de Sedan, — d'un sergent-major nommé Simonnet. Les dates extrêmes de cette correspondance sont le 30 novembre 1789 et le 23 juin 1792.

Voici des extraits de ces lettres :

« ..... Les plaisirs deviennent très-multiples : la famille de M. et Mme Terneaux sont icy, ils occasionnent des repas, assemblées et bals tous les jours : en outre les vollontaires vont donner une redoutte les dimanches où tous les états seront confondus, les officiers le lundy, et les nôtres le jeudi. A commencer d'aujourd'hui, ces messieurs ont invité par des imprimés..... Le chevalier n'en manquera sûrement point, il a été danser chez M. Terneaux (où tu étais prié), il rentre les soirs pâle les yeux cernés, mais il est de bonne humeur, nous jouons au trictrac les après-dinés et soupés, il te remplace pour gagner mon argent..... On doit donner à la comédie au premier jour la prise de la Bastille, je suis décidée d'y aller, quoique dans la persuation que cela ne peut être bon. On dit cette pièce d'un acteur de notre troupe dont je ne me souviens plus du nom. Il y a une rumeur très-grande parmi eux, Hilaire le meilleur acteur et encore un autre sont partis, l'on pense qu'ils ne pourront plus donner que des oppéras... On doit publier aujourd'hui au prône qu'il y aura le 31 janvier quatre assemblées, pour élire maire, magistrats, etc..., elles seront au Collège, à la Paroisse, aux Capucins et au Château. Chaqu'un y donnera sa voye au scrutin, toutes les personnes taillables depuis un écu et au-dessus y seront admises : on en compte 1514 ; on les ouvrira à l'hôtel-de-ville, et ceux qui auront le plus de voix seront nommés ; on s'attend de voir une singulière élection, et l'on craint que cette cérémonie n'entraîne beaucoup de gabarres. »

(Lettre de Mme Drouin. 24 janvier 1790).

« Je viens d'apprendre qu'il y a eu ce matin une insurrection qui pouvait devenir très-funeste : les gardes ont pris à Bazeilles un contrebandier qui apportait du sel en ville (on ne dit pas s'il s'est sauvé) : il y avait des soldats d'ici qui ont voulu le faire évader ; il y en a eu un de blessé dangereusement, et rapporté à l'hôpital, il a été suivi de toute la peuplade dont l'effervescence est montée dans leurs têtes à un tel point qu'ils ont encore démoli toutes les barraques des gardes et les ont brûlées : ensuite toutes les troupes bourgeoises et militaires ont pris les armes ; on a arboré le drapeau martial à l'hôtel-de-ville entouré de la maréchaussée à cheval pour le garder ; tout a paru se tranquiliser ; mais il est à savoir si cela durera, on prétend que nos prisonniers dont on a renvoyé partie de Metz étaient les chefs : voilà donc la liberté que l'on a prétendu donner à chacun ; on conviendra qu'il en résulte plus de mal que de bien. J'ai écrit ma lettre hier l'après-midy, le *proscris-tum* le soir, pendant que le chevalier était à la redoute qui n'a commencé qu'à sept heures du soir après que le vacarme a été passé, et ce matin en me levant j'ai appris que la nuit a été calme : tout paraît apaisé ; on a retiré le drapeau martial. Dieu veuille que la tranquillité succède à l'orage. Le pauvre soldat est mort de ses blessures : il avait deux balles dans le corps. »

(Lettre de la même. 25 janvier 1790).

« Nous avons eu dimanche dernier une rumeur à Sedan encore fort désobligeante. Les gardes du tabac soupçonnant à tort un dragon d'avoir de la contrebande, ont tiré sur lui et l'ont percé de deux balles qui l'ont fait expirer deux heures après à l'hôpital ; cela a réchauffé les esprits et toutes les baraques qui étaient rebâties nouvellement ont été incendiées par une troupe d'enfants que la moindre chose aurait fait écarter, ensuite on y a mené en pompe le drapeau rouge quand il n'y avait plus personne. J'ai ouï dire que les soldats s'étaient encore assez mal conduict dans cette affaire. On nous annonce dans 5 ou 6 jours le régiment d'Esterhazy qui vient, dit-on, en garnison ici. »

(Lettre de Mme Bruyère. Mardi 26 janvier 1790) (1).

« ..... M. de Ruville a été passer la revue à Mouzon, il y a 8 jours : il y est arrivé pendant qu'il y était la maréchaussée de Verdun, pour y prendre six

(1) M. de Maillan était alors à Paris avec M. Bruyère, pour essayer de se faire remplacer ; il fut désigné pour Ste-Menehould, où il arriva vers le 25 septembre 1790.

de vos plus mutins, qu'ils ont liés sur une charrette et menés à Nancy. Ce sont les grenadiers qui ont été les prendre avec eux ; le tout s'est passé sans bruit ; je m'imagine que l'on n'en aura fait autant dans tous les endroits que vous habitez ; cela me paraît dénoter que l'on veut travailler à nous juger.

« Nos soldats de Foy ont voulu faire des leurs, en courant les nuits avec des filles, et passant le reste dans des cabarets ; on en a mis plusieurs en prison, on en a chassé deux avec des écriteaux au dos, où était écrit : *perturbateurs du repos public*. La maréchaussée et les volontaires les ont conduits hors de la ville jusqu'à Bazeilles. Le compte de la masse que l'on leur a rendu leur ont fait penser qu'ils étaient des potentats, et qu'ils avaient le droit de faire tout ce qu'ils voulaient ; bien des gens blâment cet ouvrage, et pensent que cela ne peut que donner trop d'autorité aux soldats.

« Mlle Poupart de Neuflize est mariée de mercredi (1) ; elle épouse un jeune cadet de 57 ans, mais pour la récupérer de bien des choses, il lui donne, dit-on, cent mille francs par contrat de mariage, pour cinquante de diamants, des robes, dentelles, bijoux, etc., ils doivent partir sous peu pour Paris où ils feront leur résidence.....

« J'ai ri comme une folle en entendant lire de la façon dont vous amusez votre jeunesse par des petits jeux innocents. Vous devriez tâcher de leur mettre en tête de jouer la comédie, de leur faire apprendre la pièce du temps passé, où il y a le beau Cléon et la belle Javotte, et pour la clôture, de chanter les couplets du *Rappelons la souvenance du temps passé*. Ce spectacle serait délicieux et d'un genre tout nouveau..... »

(Lettre de Mme Drouin, 3 octobre 1790).

« .... On ne parle que de calamités : on vient de décréter une taxe sur les domestiques mâles et femelles, les chevaux, et l'on en veut faire une sur les particuliers pour le vingtième de la location de chaque particulier, mais l'on n'explique pas si ce sera le propriétaire qui payera, ou ceux qui louent. Si cela va en augmentant, qu'est-ce que tout le monde va devenir ?...

« Un sous-lieutenant du régiment de Foy a été berné dimanche en sortant de la parade, sur la grande place, pour avoir manqué, dit-on, à quelqu'un de ces Messieurs, je ne sais dans quel genre. Cette cérémonie s'est faite dans le plus grand apparat ; toute la musique y était : quatre sergents tenaient

(1) C'est-à-dire le 30 septembre.

les coins de la couverte, et le drapeau de la Culotte y figurait en pompe; toutes les fenêtres étaient garnies, et la place était meublée d'une foule innombrable. On dit qu'il en est si honteux qu'il n'ose se montrer, on dit encore qu'il a eu beaucoup de peine à se soumettre, et que l'on était décidé de le renvoyer, s'il ne s'y était pas déterminé... »

(Lettre de la même. Mardi 2 novembre 1790).

« .... Le chevalier est très occupé d'apprendre des rôles, pour jouer la comédie avec des officiers : ils comptent donner sur le théâtre de Slévenot (1), je ne sais quand, l'*Avocat Pathelin*, le *Médecin malgré lui*, et *l'on fait ce qu'on peut et non pas ce qu'on veut*, proverbe. Je ne sais comment il s'en tirera : il doit faire la nourrice dans la seconde pièce. Ce sera aussi des hommes qui feront les autres femmes, ainsi ce sera un spectacle *infâme*. Tout est mystère, que je ne cherche point à découvrir ; je sais cependant qu'il y a eu mardi une répétition dans sa chambre.

« C'est le jour des Roys que commencent nos redoutes ; que ne puis-je t'y voir danser la première valse (2), même la *hongroise*, avec Mme Danneville (3);

(1) Nos compatriotes savent que ce théâtre était situé dans la maison actuelle de M. Schweitzer, pâtissier, rue Gambetta ; Mme Drouin était, rue des Laboureurs, à côté de l'entrée du public. Voir, à ce propos, *Ch. Pilard, op. cit.*

(2) M. de Maillan était fort malade à Sainte-Menehould ; son frère, le chevalier, devait partir pour Bordeaux, Château-Trompette, 7me régiment, ci-devant Champagne. Aussi Mme Drouin, montre, dans toutes ses lettres, une grande inquiétude.

(3) Mme Danneville, dont parle Mme Drouin, était Mme Paignon, comtesse d'Anneville, femme du manufacturier du Dijonval et plus connue sous le nom de comtesse du Dijonval. C'était une femme avec laquelle, apparemment, il n'y avait guère à se gêner, si nous en jugeons par ce que lui servit en pleine soirée un officier de la garnison, qu'elle avait conjuré d'improviser un quatrain en son honneur :

Madame la Comtesse
Pas plus haute qu'un chou
Baiserait bien ma f....
Sans se mettre à genoux.

La scène que M. Ch. Pilard, avec sa complaisance habituelle, nous a racontée, est ainsi décrite dans une lettre de Mme Bruyère à son neveu :

« ..... *Ton frère m'a dit t'avoir mandé les désagréments qu'avait éprouvés Mme Danneville, et la manière dont elle a été persiflée par deux étourdis de la garnison, ces deux étourdis me paraissent fort peu corrigés, car jeudi dernier nous y soupions avec Mme de Neuflize; l'un d'eux M. de Bouillé s'est amusé toute la soirée avec une carte et un* ce genre est tout nouveau en ce pays ; il a beaucoup fait rire tous les spectateurs ; on ne le dit pas très honnête pour les femmes.....

« Il est parti ce matin cent hussards, la compagnie des chasseurs de Foy, et M. de Plantade, le général, pour aller établir à Carignan et Mouzon des barrières de garde ; ils ont chacun vingt cartouches. Les habitants étant des mutins, il est à craindre qu'il n'y ait du fracas. Comme les soldats de votre régiment qui y étaient passent pour favoriser à la fraude des droits et de la contrebande, on les a fait partir aussi ce matin, trois compagnies pour Stenay et une pour Varenne. On dit qu'ils resteront à ces endroits jusqu'à votre entière dissolution. »

(Lettre de la même, du 29 décembre 1790).

« .... Le lendemain que je t'ai écrit, j'ai reçu heureusement le montant de mon viager qui montait à 19 cents livres, déduction faite de mon don patriotique : 24 heures plus tard, il était perdu, le courrier ayant été assassiné près de Meaux, plus loin que Reims, la malle a été volée, l'on craint qu'elle ne contenait pour des sommes considérables, des papiers de tout genre.... »

(Lettre de la même, du 18 janvier 1791).

« .... Nous avons une troupe de petits comédiens de 7, 8, et 10 ans, qui jouent, dit-on, fort bien les opéras : ils sont très courus : je ne doute pas qu'ils ne soient encore ici à ton retour : on me tourmente pour y aller, j'ignore si je me déterminerai. Mme Baudin la mère est morte d'hier à la suite d'une longue maladie ; c'était une femme très estimable que l'on regrette beaucoup..... »

(Lettre de la même, du 14 mai 1791).

Mme de Maillan, mariée en secondes noces à un Monsieur Foulcher, écrivait à son fils, le 24 mai 1791 :

« .... Mais qui est-ce donc qui gagne à cette fameuse et chimérique égalité, on ne peut voir le

crayon à faire le portrait de la maîtresse de la maison sans qu'elle s'en aperçoive ; sa manière de s'arranger qui précisément ce jour-là était plus plaisante qu'à l'ordinaire, aurait bien pu la faire ressembler comme tu nous le disais un jour à un oiseau en sacoche. *Mais, plaisanterie à part, la conduite de ces messieurs leur a fait fort peu d'honneur ; ils pourront se repentir de leurs gentillesses par le froid dont ils seront reçus par elle.....*

« Ce 2 Novembre 1790. »

bien que dans un avenir qui ne peut être pour nous, ou dans l'agriculture que tout le monde ne saurait embrasser : voilà mon raisonnement qui me fait souvent qualifier de mauvaise patriote, avec la meilleure envie de paraître le contraire. J'ai beau lire et relire vos lettres, la circonspection qui y règne ne me laisse pas deviner ce que vous pensez de ce nouveau régime : tâchez surtout de vous trouvez heureux, car le grand art de nous-mêmes consiste à cela..... »

Voici un passage intéressant d'une lettre du 17 mars 1791, écrite par un officier des amis de M. de Maillan et datée de Vitry-le-François : il nous donne l'origine de la boîte à violon saisie chez Mme Drouin en l'an II :

« J'ai reçu hier ta lettre, mon cher Maillan, je te réponds avec autant d'empressement que je voudrais en mettre à t'envoyer sur-le-champ ton violon. Auparavant de te détailler ce qui m'en empêche, je crois devoir te dire que nous étions convenus à Nancy que je ne te l'enverrais point, mais que, au contraire, je l'apporterais avec moi à Sainte-Menehould, ce que j'ai fait croyant toujours t'y trouver enchaîné. Si tu avais daigné me donner de tes nouvelles comme je t'en avais prié, j'aurais su par toi le moment où tu en es parti, et j'aurais pris des arrangements convenables en conséquence, et tu aurais maintenant ton violon : mais loin de là j'arrive à Sainte-Menehould : ma première parole fut pour te demander. Je fus surpris quand on me dit : il est parti, ayant été obligé de laisser pour moi-même un violon chez M. Mouton. J'y ai laissé le tien jusqu'à ce que j'ai trouvé une boîte pour deux violons. Il est au reste enfermé dans une commode et dans un lieu fort sec. Voici maintenant quel est mon projet. J'irai à Châlons : j'achèterai une boîte pour un seul violon : je mettrai le tien dedans et te l'enverrai aussitôt que je pourrai : je suppose que cela pourra te convenir, c'est dans cette supposition que je m'y détermine... »

De la correspondance du chevalier de Maillan et de sa mère, correspondance que celle-ci communiquait à son fils aîné, nous extrayons quelques lignes relatives aux dépenses du chevalier à Bordeaux :

« Bordeaux, le 2 May 1791.

« .... Si mon oncle (1) ne vient pas à mon secours, il est impossible que je puisse rester et je perdrai par là l'occasion d'être placé. Daignez, ma bonne maman, vouloir bien lui écrire encore en ma faveur et lui faire part de ma lettre ; car comment pouvoir subsister à Bordeaux avec quatre cents livres ? Je me suis mis à l'auberge la meilleure marché, qui est de cinquante livres : j'ai pris une chambre au pavillon, que j'ai eue par grâce et qui me revient encore à dix livres, en comptant les draps, les armoires et les autres meubles avec la femme qui fait mon lit : il me reste encore un perruquier, une blanchisseuse d'habits, une blanchisseuse pour mon linge et toutes les choses dont on a journellement besoin. Mon voyage (2) m'a coûté trois cents livres en ne payant que le tiers des frais, je n'ai pu en payer moins parce que ma malle et moi sont la cause qu'on nous a mis cinq chevaux au lieu de trois, ainsi il a fallu que j'en payasse deux.... »

Terminons l'examen des papiers de M. de Maillan. par l'extrait d'une lettre de M. Crommelin à sa sœur, Mme Drouin :

« ..... Paris ressemble à une ruche renversée ; tout est en mouvement. Le Roy est parti ; il est repris ; ces événements sont cruels pour ceux qui aiment la paix ; malheureusement, elle n'est point prochaine. Je ne puis vous dire les nouvelles courantes, crainte de vous induire en erreur ; rarement celles que l'on publie le matin se confirment le soir ; en général les esprits sont très animés ; j'entends tout, j'écoute tout, je vois tout, et ne me livre point ; personne ne sait si je suis royaliste ou républicain ; on en a fait plusieurs fois la remarque. « Comment, Monsieur, m'a-t-on « dit, vous parlez de tout, en homme instruit, et nous « ne pouvons savoir votre opinion sur la chose « publique. » — La voici, Messieurs, je désire le bien général, la paix, l'union, l'harmonie, l'aisance que projetait Henri IV, enfin le bonheur de tous ; le parti qui produira ces moyens est celui que j'adopte.

« On craint la journée de la rentrée du Roy à Paris, ce sera samedi 25, on prend de grandes précautions, et mon âme se livre à l'espoir qu'il n'y aura pas de sang répandu..... »

(Lettre datée de Paris, 23 Juin 1790).

***

(1) L'abbé de Maillan, aumônier de Madame, à Paris.
(2) De Sedan à Bordeaux.

Le comité révolutionnaire de Sedan prit soin de relever tous les noms contenus dans ces lettres, voici la liste qu'il dressa :

Noms des contre-révolutionnaires relatés dans les lettres de Coblentz, saisies chez la veuve Drouin : Ruville ; Mme de Sy ; Dumoulin ; Mlle Adélaïde (dans la maison) ; Desine Guésier (Sainte-Menehould) (1) ; de Maillian ; de Missy ; Mme de Balan ; Mlle Poupart ; Ternaux ; Vilguri ; de Plantade ; de Maliet, aide de camp : Mme Raulin, Bouillard, La Tanchère, de Rith, Demoulin, Rallia ; Bruyère ; M. Cottin ; M. Dragon ; Saint-Simon ; Augustin Raulin ; de Talhouet ; Poupardin ; Dillon ; de Vienne ; Guériot ; Mauclerc ; Balan ; Danneville ; Neuflize ; Bouillé ; Delisle ; Mme Debroy ; Dehan ; Desrousseaux ; Cochelet : Edouard ; Mlle Rognon ; de Saint-Christophe ; Charlotte Poupart ; Rolin de la Motte ; Degand ; de Mailleville (2) ; le Chr de Givets ; l'abbé Monestier ; Terneau ; Valse ; Lucile ; Voise, officier ; Roblaste (Versail) ; La Richardière ; Raulin, Husson et Lamotte ; La Tanchère ; Warin, commis de Bruyère ; Perdidier (Nancy) ; Danneville, Paignon ; Detilly ; La Girardière ; Edouard ; Mondieu.

*
* *

La Révolution à Sedan a été particulièrement intéressante. On sait combien nos écrivains sedanais ont déjà tiré parti des documents variés auxquels ils ont puisé, et, cependant, venant après eux, j'espère avoir donné dans cette étude l'aperçu d'un genre nouveau de sources jusqu'alors inexploré. Les correspondances personnelles sont l'image vivante d'une époque, comme les mémoires des contemporains ; correspondances et mémoires n'ont pas la sécheresse des documents officiels ; ils sont de plus exempts de cette servilité presque obligée au régime sous lequel les événements se sont passés. Il reste malheureusement peu de lettres écrites à Sedan pendant la Révolution ; il n'existe plus de témoins de cette célèbre période historique ; aussi sommes-nous heureux d'avoir pu, par nos recherches, augmenter, tant soit peu, les longues et attrayantes histoires de nos autorisés prédécesseurs.

(1) Lisez Denise Guériot.
(2) Autre nom de M. de Maillan.

SEDAN EN 1791

SEDAN EN 1791

Extrait de l'*Almanach historique, civil, ecclésiastique, militaire et topographique du département des Ardennes pour l'année 1791* dédié aux citoyens du département à Sedan, chez C. Morin, imprimeur (in-12 oblong)

Sedan, chef-lieu du canton, très forte sur la rive droite de la Meuse, siège de l'évêché du département des Ardennes, chef-lieu d'un district et de sa juridiction, est située à 4 lieues S. E. de Mézières. Longit. 22. 37. 36. Latit. 49. 43. 29.

On compte à Sedan et dépendances 712 maisons numérotées, 3,100 feux, et plus de 10,000 habitants.

Il y a eu, en 1790, 550 baptêmes, 478 sépultures et 127 mariages.

La ville de Sedan paraît devoir sa dénomination à un prince Sicambre, appelé *Sedanus,* qui construisit un fort à l'endroit qu'occupe aujourd'hui le château, lors des premières incursions de cette nation germaine dans les Gaules, environ 280 ans avant l'ère chrétienne. *Ann. de Trithème.*

Après avoir successivement passé entre les mains de seigneurs puissants qui les possédèrent en souveraineté, la ville et son territoire, ayant titre de principauté, furent réunis à la France par contrat d'échange du 20 mars 1651, confirmé et enregistré au parlement au mois de février 1652.

C'est à Sedan que naquit le célèbre maréchal

de Turenne, et on remarque encore au château la chambre où cet illustre capitaine vit le jour pour la première fois (1).

Le château bien fortifié renferme un arsenal vaste et abondamment fourni.

Etat ecclésiastique.

Une seule paroisse sous l'invocation de saint Charles.

M. Nicolas Philbert, prêtre de la congrégation de saint Lazare, curé depuis 1762, élu et proclamé évêque du diocèse des Ardennes, par l'assemblée électorale, le 23 novembre 1790.

Le Séminaire de Sedan est dirigé par les prêtres missionnaires de la même congrégation.

Le Couvent des Capucins, d'abord établi en 1641 (2), par Frédéric-Maurice de La Tour d'Auvergne, au faubourg de la Cassine, fut transféré par le maréchal Fabert, dans l'enceinte de l'ouvrage à cornes, dite de Floing. On voit dans un caveau de leur église le tombeau de ce brave général, mort gouverneur de Sedan, le 16 mai 1662 : le R. P. Théodore, gardien.

Les Dames de la Propagation de la Foi, fondées en 1640, tiennent un pensionnat et des écoles gratuites pour les jeunes filles : Mme Tiquet, supérieure.

Les Filles de la Sainte Famille, dites de l'Ouvroir, instituées en 1695, pour l'instruction de la jeunesse, ont un pensionnat : sœur Delaux, supérieure.

Etablissements publics.

Le Collège, tenu par des prêtres séculiers depuis 1765, a pris la place d'une académie célèbre par les grands hommes qu'elle possédait,

(1) Le pavillon a été démoli pendant la révolution et une plaque y a été posée en août 1815, qui porte : *Ici naquit Turenne le 11 septembre 1611.*

(2) L'abbé Prégnon donne la date de 1639 comme certaine.

Bayle, Dumoulin, Jurieux, et Le Blanc étaient de ce nombre (1).

PROFESSEURS :

MM. Mauroy, docteur en droit, principal ; Duchêne, professeur de rhétorique ; Caillon, professeur d'humanités ; Talin, professeur de troisième ; Roland, professeur de quatrième ; Fransquin, professeur de cinquième ; Herbulot, professeur de sixième ; Warin, maître pour les premiers principes.

ADMINISTRATEURS :

Pillas, président des juges du district ; Philbert, évêque ; Dourthe, commissaire du roi ; Petit, négociant ; Husson, président des administrateurs du district ; Mauroy, principal.

LES FRÈRES DES ECOLES CHRÉTIENNES établis en 1661 (2), pour l'instruction gratuite des garçons : en 1762, frère Amable supérieur.

L'HOTEL DE LA MISÉRICORDE, fondé par acte de dernière volonté du maréchal de Turenne, daté du 14 avril 1697, est desservi par des sœurs de la charité : sœur Forbra, supérieure.

ADMINISTRATEURS :

MM. Pillas, président des juges ; Philbert, évêque ; Dourthe, commissaire du roi ; N.........; Bechet, négociant ; Rousseau, négociant ; Petitfils, médecin ; Launois, receveur charitable ; Mme Forbra, supérieure.

N. B. M. Petitfils, médecin, et M. Chambel, chirurgien, sont pensionnés de la ville pour visiter les malades de cette maison et ceux de la ville, dont la pauvreté est reconnue.

(1) Sur les professeurs de l'académie, cf. la récente brochure de MM. Brincourt et Henry, 1891. 41 pp.

(2) Une pièce des archives de Sedan (GG. 10) établit péremptoirement que les Frères ne sont arrivés à Sedan qu'en octobre 1762. Consulter aussi le *Pouillé de Reims*, de l'année 1777, et l'étude prochaine que nous publierons sur le départ des Frères.

ETAT CIVIL.

MM. Baudin, maire ; Lemarié, procureur de la commune ; Dumont, secrétaire-greffier ; Chanonin, receveur.

NOTAIRES :

MM. Raulin, reçu en 1757, *a les minutes de Stasquin, David, Drouet et Billy.*

Brazy père, reçu en 1760, *a les minutes de Berchet, des Bons-Compagnons, des Perrin.*

Robert, reçu en 1772, *a les minutes des Herbette, Ronjaux, Lamorlette, Hulric et Millet.*

Fourrier, reçu en 1781, *a les minutes de Heaulme, Stasquin, Ostorne, Demoulin, Jobart, Clément, Diancourt, Martincourt et Jovaux,*

Gibou, reçu en 1783, *a les minutes de Lallemand, Richart, Leroi, Ponsignon, Ninnin et Jean Gibou.*

ETAT MILITAIRE.

La garde nationale est composée de deux bataillons, dont le premier a six compagnies, et le second cinq, formant en totalité près de 1,100 hommes.

ETAT-MAJOR :

M. de La Fayette, colonel d'honneur ; M. d'Estagnol, chevalier de Saint-Louis, ancien capitaine de cavalerie, député à l'assemblée nationale, colonel-commandant ; M. Boire, chevalier de Saint-Louis, ancien capitaine de dragons, colonel en second ; de Failly, chevalier de Saint-Louis, ancien capitaine d'infanterie, lieutenant-colonel ; Duchesne, chevalier de Saint-Louis, commissaire des guerres, major ; Dumont, trésorier quartier-maître ; Rollin-Bridier, porte-drapeau ; Duchesne, porte-drapeau ; N...., adjudant.

GOUVERNEMENT MILITAIRE.

Pour la place : MM. de Laval (ci-devant duc), gouverneur ; de Saint-Simon, lieutenant du roi ; de la Tanchère, major ; de Saint-Simon, aide-major ;

Duchêne, commissaire des vivres; de Rith, capitaine des portes.

POUR LE CHATEAU :

MM. de Laval, gouverneur; de Saint-Simon, commandant; Savary, major.

GARNISON :

Le régiment de Foix, infanterie; une compagnie d'artillerie; le régiment d'Esterhazy, hussards.

GÉNIE :

N..., ingénieur en chef; de Morgan; Lokin.

ARTILLERIE :

MM. Royer; Hédoin.

TRÉSORIER DE LA GUERRE :

M. Husson.

CONTRÔLE DES ACTES :

M. Lenoir, contrôleur.

MÉDECINS :

MM. Petitfils, Chambel, Crin.

CHIRURGIENS :

MM. Desparos, lieutenant; d'Aimé père, doyen; Varoquier, prévôt en charge; Chambel, chirurgien-major des hôpitaux; Philippe, chirurgien aide-major; d'Aimé fils.

Le sieur d'Aimé père est connu depuis longtemps, pour sa belle construction des bandages élastiques pour contenir les hernies. Le prix est de 12 livres pour le bandage d'un côté; 24 livres pour le double et de 9 livres pour l'écusson exomphal ou ventral. Il faut avoir l'attention de dire de quel côté est la descente, ou si elle est double, et de mettre la mesure dans la lettre de demande. Les lettres et l'argent doivent lui être adressées *franc de port*.

APOTHICAIRES :

MM. Jayet ; Thibaron ; Philippe ; Varoquier.

POSTE AUX LETTRES :

MM. Baudin fils, directeur ; M. Belin, contrôleur.

POSTES AUX CHEVAUX :

Mlles Lucas, maitresses des postes.

BUREAUX DES LOTERIES :

M. Desrousseaux ; Mlle Langlois.

VOITURES PUBLIQUES :

Départ de Sedan pour Paris et route. DILIGENCE : le samedi à six heures du soir, arrive à Paris, le lundi soir.

COCHE : le mardi à midi, arrive à Paris le dimanche soir.

Ces deux voitures passent par Mézières et Charleville, Rethel, Reims, Fismes et Soissons : M. Rigaux, directeur du bureau des voitures pour Paris et route.

Départ pour Metz et route. CAROSSE : le samedi à cinq heures du matin, arrive à Metz le lundi soir. Il passe par Carignan, Mont-Medy, Marville et Dampvillers et Etain. Le bureau est chez M. Saint-Jacques.

Départ pour Nancy et route. CAROSSE : le samedi matin, arrive à Nancy le mardi. Il passe par Stenay, Verdun et Saint-Mihiel. Le bureau est chez M. Marechal.

Départ pour Valenciennes et route. CAROSSE : le vendredi matin, le lendemain de l'arrivée de la voiture venue de Metz : arrive à Valenciennes le lundi après diner. Il passe par Mézières et Charleville, Hirson, La Capelle, Avesnes, Landrecies et le Quesnoy. Le bureau est chez M. Alexandre.

Messagers :

Le messager de Stenay arrive à Sedan à sept heures du matin les lundi, mercredi et vendredi, et part les mêmes jours à midi. *Il loge à la Croix d'Argent.*

Le messager de Carignan arrive les lundi, mercredi et samedi, à dix heures du matin, et part les mêmes jours à une heure après midi. *Il loge à la Bonne Femme.*

Commerce :

Sedan est célèbre par son commerce en draps fins et dont on fait des envois très considérables dans le royaume et dans les pays étrangers.

Le quartel est la mesure ordinaire pour les grains. Il pèse en froment quarante-cinq livres ; il en faut cinq quartels un tiers pour le setier de Paris. Les 192 pintes du pays font le muid de Paris, qui en contient 280.

Les marchés se tiennent les mercredis et vendredis.

SEDAN, IL Y A CENT ANS

SEDAN, IL Y A CENT ANS

LES DÉCRETS DE L'ASSEMBLÉE NATIONALE & LEUR EXÉCUTION A SEDAN

La liberté et l'égalité proclamées en tête des droits de l'homme et du citoyen étaient incompatibles avec l'organisation des communautés religieuses. Aussi, dès sa réunion, l'Assemblée avait nommé un comité dont le rôle était de lui présenter une réforme complète de cette catégorie de personnes qu'on appelait en bloc les *moines*.

Le jeudi 11 février 1790, M. Treilhard (1) donnait lecture des rapports du projet de décret sur les ordres religieux que le comité ecclésiastique avait depuis longtemps communiqué à l'Assemblée : ce rapport lu le 17 décembre 1789 au comité, et motivé surtout sur la mauvaise organisation et la répartition vicieuse des maisons, sur la négligence dans le choix des titulaires et les prétentions excessives de quelques ministres du culte ; ce rapport se terminait par un projet de décret en 17 articles, laissant toute liberté aux religieux de sortir de la maison ou d'y rester, accordant à ceux qui sortiraient une pension annuelle variant de 700 à 2,000 livres, et à ceux qui resteraient un revenu fixe de 800 livres. Le projet réservait la perpétuation aux seules maisons utiles aux sciences, à l'éducation publique et au soulagement des malades.

(1) Treilhard devint un des orateurs de l'Empire dans la confection des codes.

Discuté avec chaleur les 11, 12 et 13 février, et après observations des députés de l'un et l'autre côté, l'Assemblée adopta une simplification des questions à laquelle Treilhard lui-même souscrivit. Ces questions étaient celles-ci : 1° *Abolira-t-on les ordres religieux? 2° Quel sort fera-t-on aux religieux qui ne voudront pas rester dans les maisons et dans l'habit de leur ordre? 3° Quel sort à ceux qui voudront y rester?* La discussion de ces trois questions menée par les évêques-députés se termina le 13 février, à huit heures, par l'adoption du décret suivant (1) :

« Art. Ier. L'Assemblée nationale décrète, comme articles constitutionnels, que la loi ne reconnaîtra plus les vœux ecclésiastiques et solennels des personnes de l'un et de l'autre sexe ; déclare, en conséquence, que les ordres et congrégations de l'un et de l'autre sexe sont et demeureront supprimés en France, sans qu'on puisse à l'avenir en établir d'autres.

« Art. II. Les individus de l'un et de l'autre sexe, existants dans les monastères, pourront en sortir en faisant leur déclaration à la municipalité du lieu.

« Il sera pareillement indiqué des maisons pour ceux ou celles qui préféreront ne pas profiter des dispositions du décret.

« Art. III. Déclare en outre l'Assemblée nationale, qu'il ne sera rien changé, quant à présent, à l'égard des ordres ou des congrégations chargés de l'éducation publique ou du soulagement des malades, jusqu'à ce que l'Assemblée ait pris un parti à ce sujet.

« Art. IV. Les religieuses pourront rester dans les maisons où elles sont aujourd'hui, l'Assemblée les exceptant expressément des dispositions sur les ordres monastiques, dont elle ordonne la réunion en un petit nombre de maisons. »

Le décret du 13 février ne disait rien des pensions proposées par Treilhard : l'Assemblée y revint les 17, 18 et 19 février et accorda aux Religieux qui sortiraient de leur maison les pensions de 700 liv. jusqu'à cinquante ans, 800 liv. jusqu'à soixante-dix et 1,000 liv. au delà, pour les mendiants ; 900 liv., 1,000 liv. et 2,000 liv. pour les non mendiants. Quant aux frères lais, donnés

(1) Cf. *Moniteur* du dimanche 14 février.

et convers, leurs pensions étaient comprises entre 300 et 500 livres. (Décret du 19 février) (1).

On en n'avait pas encore fini avec les Religieux : et le décret du 18 septembre 1790, comprenant 36 articles, ordonnait, entre autres dispositions, aux directoires de département, de dresser le tableau de tous les Religieux avec leurs intentions exprimées de rester ou de quitter la maison ; ceci dans le but de régler leurs pensions.

L'Assemblée, dans ce mois de septembre, s'occupa de même des Religieuses, Treilhard était encore chargé du rapport. Les décisions du décret du 16 septembre qui les concerne, étaient identiques au décret relatif aux Religieux, et pour elles comme pour eux, les communautés utiles à l'instruction ou aux soins des malades, échappaient pour le moment aux conclusions de cette législation (2).

Le serment civique étant requis de toute personne publique, les moines y furent soumis par décrets des 24 juillet et 27 novembre 1790. *(Mon.* 29 nov.). En observant que la constitution civile du clergé avait été décrétée quelque temps auparavant, tel était à peu près l'ensemble des mesures que la Municipalité, M. Baudin étant maire, allait avoir à appliquer aux Capucins, aux Prêtres de la Mission et aux Frères des écoles chrétiennes, d'une part ; aux Filles-Sœurs de la Propagation de la Foi, aux Filles de l'Ouvroir ou Sœurs de la Sainte-Famille, aux Sœurs de l'Hospice, de l'autre.

La suite de ces études nous montrera que les Capucins se retirèrent en présence de l'intérêt supérieur de la défense nationale, invoqué par le procureur de la commune : les Prêtres de la Mission se *constitutionnalisèrent* avec leur évêque Philbert ; les Frères des écoles chrétiennes furent remplacés sous un prétexte futile. Quant aux

(1) Cf. *Moniteur* des 20 et 21 février.

(2) Nous verrons que les Religieuses furent tenues aux déclarations de résidence ou de départ par décret du 14 octobre 1790.

Religieuses, l'établissement de la Propagation de la Foi devint petit à petit une caserne, puis une prison, et les Religieuses en délogèrent par nécessité : les Filles de l'Ouvroir quittèrent leur maison pour *inconstitutionnalisme*, et tous les Religieux, ou à peu près, évacuèrent de gré ou sous menaces, la ville de Sedan pour faire place à des successeurs plus avancés, ou sans être jamais remplacés. Quant aux Sœurs de l'Hôpital, elles prêtèrent le serment requis et demeurèrent à leur poste pendant toute la Révolution, en prenant cependant le soin de quitter leur costume en 1793 (1).

Faut-il porter d'avance un jugement sur l'exécution des décrets à Sedan ? Au début de notre carrière nous ne pourrions le faire qu'avec idée préconçue et parti-pris : nous préférons entrer dans quelques détails et laisser cette tâche difficile au bon sens et à l'impartialité de nos lecteurs.

---

(1) Cf. Ch. Pilard. *Sedan sous la première Révolution*, 2e période, l'ouvrage si remarquable de notre concitoyen, auquel nous renverrons souvent.

LES CAPUCINS EN 1791

Cédant à l'influence de sa femme, et peut-être aussi à des considérations d'un autre ordre, le duc de Bouillon, Frédéric-Maurice de la Tour d'Auvergne, s'était converti au catholicisme, et afin de donner plus d'éclat encore à ce changement, il appelait à Sedan, en 1635, les Capucins de la Province de Champagne, pour y fonder une maison. Les pères s'établirent à l'entrée du faubourg de la Cassine, au bout de la ruelle qui prit leur nom, puis devint ensuite la rue des Tanneries ou des Tanneurs et n'est autre que la rue Blanpain. La maison appartenait à Jean Lemaire dit Limbourg : elle est comprise dans les bâtiments actuels de l'hospice civil : les Capucins n'y étaient que locataires, mais désirant leur témoigner son affection non moins grande que celle de son mari, Eléonore de Bergh leur en fit donation par contrat du 29 septembre 1641 : la maison valait 300 livres, au dire du P. Norbert qui, en sa qualité de moine de la communauté, a dû avoir entre les mains tous les titres de propriété. En 1657, Louis XIV, venu à Sedan pendant le siège de Montmédy, posa la première pierre du couvent nouveau, élevé sur la Corne de Floing, aux frais de Fabert : la fortification de la Corne était aussi l'ouvrage du gouverneur et des inscriptions pompeuses en rappelèrent l'origine jusqu'à la Révolution : la ville fit placer, en 1662, les armes du Roi et du Maréchal au flanc intérieur de la Corne et vis-à-vis l'escalier qui montait au couvent, devenu, comme on sait, l'hôpital militaire : on joignit à ces plaques les armes de la ville, le tout ayant coûté 640 livres, monnaie de Sedan.

Les Capucins prirent possession de leur nouvel immeuble en 1663 : leur vieille maison, auprès du Dijonval, fut abandonnée, et passa à l'Hôtel de la Miséricorde. Le Couvent vécut, sans vicissitudes, pendant la fin du XVIIe siècle, donnant asile dans ses caveaux au tombeau de Fabert, le glorieux Messin, maréchal de France plébéien, et premier gouverneur de la principauté. La communauté se composait d'un gardien, de vingt-cinq pères et de trois frères, en 1777, d'après le Pouillé du diocèse de Reims, établi par l'abbé Bauny, secrétaire de l'Archevêché. Les moines vivaient de leurs prédications, des quêtes et beaucoup des offrandes que laissaient tomber dans leur sac de toile grossière les « gros bonnets » invités au banquet du vendredi-saint. Les Pères possédaient une riche bibliothèque dont le P. Norbert a, certainement, tiré partie dans sa chronologie de la ville : elle fut, paraît-il, fréquentée aussi par deux rédacteurs de la grande Encyclopédie des Philosophes (1), vers la fin du XVIIIe siècle, quand le Père Norbert était chargé de sa surveillance.

C'est, je crois, le moment et le lieu de dire quelques mots du savant capucin dont l'existence toute interne n'a laissé transpirer que quelques rares souvenirs. Il était le précepteur du jeune Bertèche, le fameux colonel « La Bretèche, » il fréquentait le magasin du père de Verguin-Pilard à qui il communiqua son histoire manuscrite : et voilà tout ce qu'on sait de sa vie, grâce à M. Ch. Pilard. L'abbé Bouilliot et, après lui, les biographes ardennais, ont donné les dates de 1719 et 1791 comme dates extrêmes de la vie du P. Norbert, mais un extrait de son acte de naissance figure aux archives de Sedan (carton K), prouvant qu'il est né le 27 juillet 1720 : ce document autographe

(1) Ch. Pilard, op. cit., 1re période.

et signé, montre encore que Claude Collin prononça ses vœux à Sainte-Ménehould, entre les mains du P. Fulgence, de Mouzon, et il est curieux de constater cette relation et ce lien qui dut se conserver longtemps encore et unir les deux chroniqueurs de l'ancien domaine de Saint-Remy : Mouzon, Douzy, Sedan. Quant à la date de 1791 que l'abbé Bouilliot et tant d'autres ont assigné pour sa mort, rien dans les registres de l'état civil ne permet de la tenir pour fondée, et le lieu et l'époque de sa mort nous échappent encore.

Pour son œuvre, depuis plus de cent ans, elle est restée manuscrite : l'original est conservé à la Bibliothèque de la ville dont il forme le joyau le plus précieux : deux copies sont signalées, l'une à la Bibliothèque Nationale (F. Fr. vol. 11,581), l'autre à Laon : leur comparaison avec l'original est, semble-t-il, intéressante, et il est étonnant que personne n'ait cherché avant 1890 à nous donner le texte collationné et annoté de la chronique (1). Malheureusement, l'entreprise méritoire du Bulletin historique des Ardennes a péri avec lui : le moment serait peut-être bon de reprendre sérieusement cette œuvre d'intérêt si puissant. En général, les sources auxquelles a puisé notre chroniqueur, sont un peu suspectes et souvent de seconde main, du moins pour l'histoire politique de la Principauté : quant aux menus faits qu'il relate, lui seul nous les a transmis et sans lui bien des incidents de la vie interne de notre ville seraient pour nous lettre morte. Mais il reste dans nos dépôts d'archives, dans le département comme à Paris (2), en France et à l'étranger, une masse

(1) Signalons cependant trois extraits du manuscrit : *Le Vieux Sedan* (par M. H. Vesseron) ; *Documents relatifs au Collège et à l'Académie* (dans la Revue hist. de M. Sénemaud) ; enfin les Extraits concernant le *Commerce et l'Industrie* (Souvenirs sedanais de M. H. Rouy, 5e série).

(2) Une indication très sommaire des pièces relatives à Sedan figurant à la Bibl. Nat. est contenue dans le Bull. du Musée (I, 175 ssv.).

considérable de documents qui ont échappé au P. Norbert et dont la publication, destinée à compléter et à justifier son œuvre, devient de jour en jour plus pressante en face de la montée croissante du besoin de savoir. Toutes les pièces intéressant notre histoire ne sont pas disparues, comme la légende en court : il en existe beaucoup, même à Sedan : le tout est d'avoir assez de courage pour classer et mettre en lumière les liasses poussiéreuses de nos greniers.

***

Leur riche bibliothèque, les Capucins ne purent l'enlever quand l'ordre leur arriva de quitter le Couvent. Cet ordre ne parut qu'au milieu de l'année 1791, car, chargée d'exécuter les décrets de l'Assemblée nationale, la Municipalité bienveillante fit parvenir à Mézières une requête tendant à les garder. Le corps municipal avait pris cette décision à la séance du 24 janvier 1791, après avoir relevé les noms et qualités des moines dans le courant de 1790, selon les prescriptions du décret du 18 septembre. Sous la présidence de Baudin, le corps municipal « constatant que l'intention unanime des religieux de vivre et mourir dans la pratique de leurs règles, et de rester en commun, leurs mœurs, la conduite édifiante qu'ils ont tenue dans tous les temps..., étaient des motifs bien puissants pour leur conservation, » déclarait « qu'attendu l'influence du Ministère de la Prédication et de la Confession et opinion des fidèles, la pétition des RR. Capucins qui exerçent ce double ministère quand ils y sont appelés, il s'intéresserait à leur conservation, autant qu'ils prêteront le serment requis par le décret du 27 novembre 1790... » A la requête de la Ville, l'Administration du département des Ardennes fit la réponse suivante :

« Vu la requête ci-jointe, l'ordonnance de soi-communiquer en tête d'icelle au Directoire du District de Sedan, à l'effet de procurer à l'Administration du département les déclarations et soumissions des Religieux Capucins qui entendent mener la vie commune; le procès-verbal de la Municipalité du 2 juin dernier (1)... ainsi que le vœu de la Municipalité pour la conservation des Capucins dans la maison qu'ils occupent, attendu qu'elle est vaste, commode et que tous les bâtiments qui en dépendent se trouvent dans le meilleur état, que d'ailleurs lesdits Religieux se sont toujours conduits avec union et régularité et qu'ils ont dans tous les tems rendu à laditte ville et dans le pays tous les services qui ont dépendu d'eux et que sans doute ils continueront à rendre... vu l'état fourni à la Municipalité contenant nouvelle déclaration et soumission de *vingt-un* individus religieux de vivre en commun à l'avenir comme par le passé, le nom, l'âge, l'année de la profession de chacun d'eux.

« Le Directoire du département... attendu surtout que la maison des Capucins de la ville de Sedan réunit par son étendue lesdites commodités que la loi relatif aux religieux et religieuses prescrit, a fixé et indiqué aux vingt-un religieux capucins qui l'habitent aujourd'huy, la dite maison pour y mener et continuer la vie commune, à charge par eux de se conformer exactement aux décrets à ce sujet...

« A Mézières, le 12 février 1791.

« Collationné conforme à l'original remis aux RR. Capucins à Sedan, le 28 février. Signé: Dumont, greffier. »

Les noms des vingt et un religieux (pères et frères lais), à qui l'Administration du département promettait l'autorisation de continuer la vie commune, étaient les suivants : nous y ajoutons quelques détails biographiques extraits des déclarations mêmes :

1. Père Simon de Pareid, prêtre, capucin, provincial, âgé de soixante et dix ans et onze mois, est né à Pareid, diocèse de Verdun, le 13 janvier 1720, et a fait profession à Saint-Dizier, dans la province des Capucins, dite de Champagne, le 19 may 1743.

2. Père Théodore de Sarrelouis, gardien, né le 7 novembre 1738, a fait profession au couvent de Sainte-Ménehould, le 16 juillet 1758.

(1) Nous n'avons pu retrouver cette pièce dans le carton K, qui n'est pas encore classé, comme d'ailleurs les archives de la Révolution.

3. Père Arnould de Jehonville, vicaire, né à Gurhomont-les-Jehonville, le 9 novembre 1733, a fait profession à Sainte-Ménehould, le 11 mai 1756.

4. Père Norbert de Vauvillers. A sa déclaration sont joints : son extrait de naissance en latin (il est né à *Vauvillers* (Franche-Comté), et baptisé *le 27 juillet 1720*, il a pour parrain et marraine Claude Barthelemy et Anne-Claudie Vernot), et l'extrait des registres de profession des capucins de la province de Champagne, déposés à Verdun, constatant que : « *Je soussigné Claude Collin, fils de François Collin, maître marchal, demeurant à Vauvillers, de la paroisse de Notre-Dame dudit lieu, de Jeanne-Marguerite Barthelemi sa femme, mes père et mère, né le 27 juillet 1720, novice clerc au couvent des capucins de Sainte-Ménehould, sous le nom de frère Norbert, reconnois... avoir aujourd'hui de ma propre, franche et libre volonté... prononcé mes vœux entre les mains du P. Fulgence, de Mouzon*... 12 juillet 1739. »

5. Père Médard de Saint-Menges, né le 14 novembre 1725, a fait profession à Sedan, le 9 juin 1746. Son nom était Pierre Deloge.

6. Père Eustache de Mussore, né le 9 avril 1729, a fait profession à Thionville, le 16 juin 1749.

7. Père Victor de Longwy, né à Joppécourt, doyenné de Bazeilles, le 20 novembre 1731, a fait profession à Sainte-Ménehould, le 16 juin 1751. Son nom était Sébastien-Joseph Labbé.

8. Père Léonard de Sarrelouis, né à Diefflen, le 11 novembre 1751, profession à Verdun, le 20 avril 1777.

9. Père Augustin de Limbourg, né à Herdiefenbach, le 7 mai 1756, profession à Thionville, le 9 novembre 1777.

10. Père Jean-Baptiste de Vavincourt (J.-B. Lombart), né le 12 juillet 1760, profession à Sainte-Ménehould, le 17 juillet 1781.

11. Père Vincent de Sierck, fils de Stendel Jolivalt, notaire royal en la ville et prévôté de Sierck, né le 5 décembre 1760, profession à Thionville, le 7 décembre 1781.

12. Père Mathias de Sarrelouis, né le 24 février 1764, profession à Verdun, le 25 février 1785.

13. Père Florent de Saverne, né à Fridolsheim, le 10 octobre 1756, profession à Sainte-Ménehould, le 30 octobre 1785.

14. Père Jean-Auguste de Dornot, né le 4 septembre 1765, profession à Sedan, le 5 septembre 1786.

15. Père Agathange de Douai (Joseph Lefébure), né le 17 octobre 1766, profession à Sedan, le 19 octobre 1786.

16. Père Maximilien de Sarrelouis, né à Dortkirch, le 6 février 1763, profession à Etain, le 11 septembre 1786.

17. Frère Chrisologue de Dieppe, diacre, né le 20 août 1766 à Dieppe, diocèse de Verdun, s'appelait Joseph Doucet ; a fait profession à Sedan, le 21 août 1787.

18. Frère Memmie de Sainte-Ménehould, né le 22 octobre 1733, profession à Verdun, le 13 mars 1753.

19. Frère Romain d'Alondrelle, 55 ans, profession le 1er mai 1764.

20. Frère François de Lamouilly, né le 14 mars 1766, profession à Sedan, le 27 septembre 1773.

21. Frère Nicolas de Vavincourt, né le 8 décembre 1746, profession à Verdun, le 27 août 1775, convive agréable, mort à Sedan vers 1835, employé chez MM. Brincourt, fabricants.

En 1790, quand on demanda aux religieux de déclarer leurs intentions sur leur résidence, quelques pères étaient absents : le P. Léonard prêchait à Voncq ; le P. Augustin à Buzancy ; le P. Jean-Baptiste à Remilly ; le P. Maximilien était absent sur la rivière d'Aire pour les confessions. Mais le couvent, au début de 1791, avait reçu en plus deux pères et en attendaient quatre autres annoncés de Chaumont, de Phalsbourg et de Langres. Enfin avec les Capucins demeuraient deux frères *donnés* (1) du couvent de Sedan (*Jean-Baptiste Garenne* y résidant depuis 39 ans, et *Jacques Brugno* depuis 23 ans), et trois sœurs *données* (*Catherine Holdan,* âgée de 84 ans, *Marie-Françoise Fevet,* 41 ans, et *Thérèse Etienne,* 38 ans).

***

Les Capucins comprirent, dès le 19 mars 1791, que, malgré la requête de la Municipalité et la

(1) Les frères *donnés* ne font pas de vœux, mais donnent une somme déterminée à un monastère pour y rester toute leur vie.

réponse de l'Administration, leur situation était quelque peu précaire en face de la Révolution qui grandissait : quatre pères se retirèrent les premiers le 19 mars, d'autres suivirent leur exemple. Mais pensant peut-être qu'ils n'évacuaient pas assez vite à son gré, le Procureur de la Commune demanda leur sortie à la séance du 4 juin : il invoquait la sûreté nationale menacée par la présence des moines sur la Corne de Floing, il agitait devant le corps municipal la tranquillité des bons patriotes compromise par leur séjour. Force devait lui rester : le 13 juillet partit le frère Romain ; le 11 août se retira le père Simon ; les autres pères et frères sortirent par la porte de Floing, laissant leur bibliothèque à la merci des pillards de 1793 et se retirèrent en Hainaut : quelques-uns restèrent à Sedan, le frère Nicolas, entre autres.

Le 27 septembre, les Capucins étaient oubliés, effacés de la mémoire des Sedanais : et à leur place s'installait le séminaire des Ardennes, institution avortée qui n'eût jamais que deux élèves sous la direction de l'évêque constitutionnel Philbert, élu le 23 novembre 1790. Les principes de l'époque intermédiaire avaient triomphé, même à Sedan.

LE COLLÈGE EN 1791

Après le départ des Jésuites (1762), le Collège reçut comme professeurs des prêtres ou des aspirants, sous la direction d'un Principal et d'un Bureau d'administration. Au début de 1791, les prêtres qui enseignaient depuis « les premiers principes » jusqu'à la rhétorique furent remplacés, à la suite de circonstances dont le détail fait l'objet de cette esquisse, par d'autres professeurs plus amis des idées nouvelles, et pendant toute la période révolutionnaire, notre Collège joua un rôle dans cette sinistre tragédie.

Foyer ardent de la contre-révolution, d'abord, du jacobinisme, ensuite, la chapelle Saint-Louis servit d'église aux prêtres insermentés qui tenaient tête à la cathédrale constitutionnelle de l'évêque Philbert, en attendant qu'elle devienne le théâtre où la *Société populaire et jacobine des Amis de la République* discutera les moyens efficaces de marcher sans faiblesse à la suite du trop fameux Vassant.

Vassant ! son nom n'appartient-il pas encore à nos archives ? Procureur de la commune (16 décembre 1792), maire ensuite (octobre 1793), il fut élu par ses collègues comme successeur de son digne ami Lemoine, et tous deux, les dénonciateurs de la Municipalité de 1792, avaient occupé la chaire de seconde.

A cent ans de distance, il n'est donc pas inutile de reprendre le récit des événements qui amenèrent à Sedan des hommes comme Halma, Vassant, Lemoine..., surtout quand ces hommes ont figuré — en bien ou en mal — dans la lutte géante d'où devait sortir notre régime moderne.

*
* *

En 1790, et pendant le mois de janvier 1791, le corps enseignant, sous la direction de M. Mauroy, docteur en droit, principal, se composait de :

MM. Duchesne, professeur de rhétorique ;
Caillon, — d'humanité ;
Talier, — de troisième ;
Roland, — de quatrième ;
Fransquin, — de cinquième ;
Herbulot, — de sixième ;
Warin, maître pour les premiers principes (ou classe de septième).

Les administrateurs étaient :

MM. Pillas, président des juges du district ;
Philbert, évêque ;
Dourthe, commissaire du Roi ;
Petit, négociant ;
Husson, président des administrateurs du district ;
Mauroy, principal (1).

Quand intervinrent les décrets des 29 novembre 1790 et 4 janvier 1791, ordonnant aux fonctionnaires publics de prêter le serment civique, sous peine d'interdiction de la fonction (2), le Principal et les professeurs refusèrent d'un commun accord de satisfaire au décret. La première idée du Corps municipal et du Procureur de la commune, Lenoir-Peyre, fut de demander au régisseur de la Congrégation de l'Oratoire « qui avait dans tous les temps donné les preuves les plus éclatantes d'attachement aux maximes de l'Eglise gallicane et aux principes

(1) Ces deux listes sont extraites de l'*Almanach du département des Ardennes*, pour 1791. (Sedan, Morin.), p. 187.

(2) Voici le texte exact du décret : « Art. II. Les Supérieurs et Directeurs des Séminaires, les *professeurs* des Séminaires et des *Collèges* et tous autres ecclésiastiques fonctionnaires publics feront... le serment de remplir leurs fonctions avec exactitude, d'être fidèles à la Nation, à la loi et au Roi, et de maintenir de tout leur pouvoir la Constitution décrétée par l'Assemblée nationale et acceptée par le Roi. » (*Moniteur* du 30 nov. 1791).

de liberté qui sont la base et la gloire de notre constitution, » de se charger, au Collège, de l'instruction telle qu'elle serait décrétée par l'Assemblée nationale. (Délibération du 15 février 1791).

L'Oratoire déclina, paraît-il, l'honneur qui lui était fait par la Municipalité : du reste, comme les autres Ordres, il allait bientôt être dispersé ; aussi, dès le 26 mars, le Corps municipal prit la résolution de remplacer lui-même les réfractaires en s'appuyant sur le droit que donnait l'Assemblée aux Corps municipaux de nommer aux fonctions publiques.

Le Principal, M. Mauroy, et Fransquin, professeur de cinquième avaient, contrairement à ce qu'ont dit MM. Prégnon et Pilard (1), démissionné, le jeudi 24 mars, lors de la prise en possession de la nouvelle administration ; aussi leur fut-il accordé, le 28 mars, de n'être pas compris dans la dénonciation de ceux qui refusaient le serment civique, et, même, le 6 mai, on leur accorda sur les revenus du Collège : au Principal, 300 livres, et au professeur, 250 livres, à compter du 1er avril 1791, pour la pension à eux attribuée à titre d'émérites par les lettres patentes de 1768.—M. Warin, professeur de septième, prêta le serment et y gagna de monter d'une classe dans le nouveau Collège (2).

En présence du refus et des démissions, le 26 mars 1791, le Corps municipal donnait un jour de réflexion aux réfractaires et nommait de suite *Nicolas Halma* comme principal. Cette délibération est assez curieuse pour être reproduite en entier :

« Cejourd'hui, vingt-six mars mil sept cent nonante et un, le Corps municipal considérant, que le refus fait par le Principal et les Professeurs du Collège de cette ville, de prêter le serment prescrit

(1) MM. Prégnon (*Hist. de Sedan*, II, 109) et Pilard (*Sedan sous la première Révolution*, 1re période), ont eu tort de ne pas faire de distinction entre les professeurs.

(2) V. *infrà* la note sur M. Warin, extraite de la réponse aux six questions...

par les décrets des 27 novembre 1790 et 4 janvier dernier, auxquels M. l'Evêque et son clergé ont satisfait le 23 janvier dernier, aux applaudissements de tous les citoiens, impose au Corps municipal le devoir de dénoncer les réfractaires ; qu'en leur appliquant les dispositions de la loi relative aux curés qui sont remplacés par élection, et qui laisse à ceux-ci le tems de la réflexion et du repentir jusqu'à l'ouverture de l'assemblée électorale, le Corps municipal n'a cessé de donner au Principal et aux Professeurs les preuves de la modération les plus propres à les ramener, et de faire auprès d'eux les démarches qui pouvoient les éclairer, mais qu'un plus long silence seroit une prévarication de la part d'administrateurs, qui doivent l'exécution la plus exacte aux décrets de l'Assemblée nationale, et trahiroient la confiance publique en souffrant que la jeunesse restât plus longtemps exposée à recevoir les leçons de maîtres qui laissent subsister des doutes sur leur attachement à la Constitution française,

« A, ce requérant, le Procureur de la commune, arrêté que faute par lesdits Principal et Professeurs de profiter du délai fixé par la loi, pour les curés en retard de prêter le serment requis, et de prêter par lesdits Principal et Professeurs ce serment le jour de demain vingt-sept mars, à l'ouverture de l'assemblée électorale du district de cette ville, lesdits Principal et Professeurs seront tenus de s'abstenir immédiatement de tout enseignement public ou particulier, et qu'il sera pourvu à leur remplacement le plus promptement possible, et aussitôt que le Corps municipal aura pu se procurer les éclaircissements nécessaires pour décider un choix aussi important.

« Et de suite, le Procureur de la commune aiant présenté au Corps municipal *le sieur Nicolas Halma, né en cette ville, prêtre bachelier de Sorbone,* âgé de trente-cinq ans, muni de témoignages avantageux des Principaux des collèges de Sainte-Barbe et du Plessis, sous les yeux desquels il a travaillé, avec succès à l'éducation de la jeunesse dans l'Université de Paris, et d'attestation de vie et mœurs de M. de Talleyran, ci-devant archevêque de Reims, et en cette qualité supérieur ecclésiastique dudit sieur Halma,

« Le Corps municipal, considérant que ledit sieur s'est d'avance acquis des droits à la reconnaissance de ses concitoiens, en offrant, il y a plus d'un mois, de donner des leçons publiques et gratuites de mathématiques dans le Collège de cette ville, établissement qui a été accueilli tant par la Municipalité que par les assemblées administratives, et dont exécution n'a été différée qu'à cause des circonstances,

« *A unanimement choisi et nommé ledit sieur Nicolas Halma pour remplir les fonctions de Principal du Collège de cette ville,* aux offres qu'il fait de s'en charger, de donner des leçons publiques et gratuites de mathématiques, par lui offertes, et de prêter ainsi qu'il s'y soumet expressément le serment prescrit par les décrets des 27 novembre et 4 janvier. »

***

La nomination de Nicolas Halma souleva les protestations du corps électoral, qui (peut-être sous la direction d'anciens royalistes) rédigea un mémoire où il prétendait nommer seul aux places des fonctionnaires du Collège refusant le serment. Dans une réunion extraordinaire, tenue le 28 mars (1), le Procureur de la commune répondit aux électeurs que l'assemblée confondait le préposé à l'éducation avec le curé, que l'enseignement n'était pas d'institution divine comme la constitution civile du clergé, et qu'en conséquence, il appartenait aux seules Municipalités de nommer les professeurs;

(1) Dans cette séance, on accorda à MM. Mauroy et Fransquin le bénéfice de leur pension, car ils n'étaient que démissionnaires et non réfractaires.

au reste, le Corps municipal arrêta qu'au cas où les électeurs voudraient s'immiscer dans ces élections, on renverrait la question au Corps législatif.

Le 1er avril, ayant constaté le refus de serment des autres professeurs, après examen des titres de capacité, certificats de mœurs et attestations de bonne conduite, le Corps municipal nommait au Collège :

MM. Charloteau, professeur de rhétorique ;
Vassant, — de seconde ;
Jacquemart, — de troisième ;
Agon, — de cinquième ;
Warin, — de sixième ;
Lelièvre, — de septième.

La chaire de quatrième restait vacante jusqu'au 5 avril, où l'on nommait : M. Romfleur, maître de pension à Stenay.

La Municipalité décidait en outre « *qu'aucun des professeurs mariés, ni ceux qui pouvaient être nommés par la suite n'habiteraient l'intérieur du Collège avec leur ménage.* »

Le Principal et les nouveaux professeurs (sauf M. Charloteau, prêtre de la Val-Dieu, qui hésitait à accepter la chaire de rhétorique), furent solennellement installés et prêtèrent le serment dans le Collège, le 11 avril 1791. Voici le procès-verbal de constatation, extrait des Archives de Sedan (carton K) :

« L'an mil sept cent quatre-vingt-onze, le onze avril, huit heures du matin, en conséquence de l'avis donné au prône le jour d'hier, que l'ouverture des classes et l'installation des sujets nommés par la Municipalité, le 26 mars dernier, premier et cinq du présent mois, pour remplacer les professeurs et le Principal du Collège de cette ville, qui ont les uns démissionné, les autres refusé de prêter le serment prescrit par l'article 2 du décret du 27 novembre dernier, se feroient cejourd'hui. Nous, Maire et Officiers municipaux de Sedan, nous sômmes rendus en corps et escortés des sergents de ville (1) dans l'église dudit Collège où se sont trouvés :

MM. Nicolas Halma, prêtre, bachelier de Sorbonne, nommé principal,
Jean-Baptiste Vassant,
René-Louis-Joseph Jacquemart,
Jean-François Ronfleur,
Aymard Jean-Baptiste Warin,
Pierre Lelièvre,

nommés professeurs des humanités, de troisième, de quatrième, de cinquième, de sixième et de septième,

« Lesquels, en présence des écoliers et des citoiens assemblés, ont prêté individuellement dans ladite église, le serment de remplir leurs fonctions avec exactitude, d'être fidèles à la Nation, à la loi et au roi, et de maintenir de tout leur pouvoir la Constitution décrétée par l'Assemblée nationale et acceptée par le Roi.

« Et de suite, nosdits sieurs Principal et Professeurs ont été installés dans l'exercice de leurs fonctions.

« M. Jacquemart aiant observé que M. Ronphleur avoit sur lui l'avantage d'avoir été précédemment professeur dans ce Collège, et d'avoir, par son âge et son expérience, mérité la préférence pour un classe supérieure, nous a proposé de lui céder celle de troisième et de s'attacher lui-même à celle de quatrième.

« Nous avons volontiers déféré à cette proposition, qui fait également honneur à MM. Ronphleur et Jacquemart. »

(Suivent les signatures du Corps municipal et des Principal et Professeurs).

(1) Les sergents de ville ne portèrent qu'après le 30 avril 1792 leur nouveau costume : *habit bleu-de-roi, doublure cramoisie avec des parements de la même couleur, garnis d'un galon d'or et collet blanc; veste blanche ; culotte bleue ; boutons en cuir aux signes emblématiques propres à cette ville; la hallebarde ou la baguette blanche, suivant le cas.* En 1791, ils portaient encore des galons et des armoiries « *restes de préjugés gothiques.* »

*
* *

L'assemblée électorale ne fut pas, paraît-il, plus contente de la nomination des Professeurs que de celle du Principal ; elle réitéra ses protestations ; mais, fort d'un texte émanant du Corps législatif, et de son bon droit, le Corps municipal répondit le 20 avril aux électeurs (1) :

« ... La Municipalité n'a pu faire tomber son choix sur les ecclésiastiques qu'autant qu'il s'en est présenté ; elle a fait prêter, à tous ceux qu'elle a employés à la desserte du Collège, le serment prescrit par les décrets, elle n'a rien innové sur le nombre des professeurs, et dans l'examen de leurs titres de capacité, elle s'est décidée, après beaucoup de recherches et d'informations, pour ceux qui lui ont paru les plus dignes de fonctions aussi délicates :

« M. Halma, prêtre, bachelier en théologie de la Faculté de Paris, âgé de trente-cinq ans, nommé Principal, était recommandable pour le long exercice des fonctions d'instituteur dans les collèges Sainte-Barbe et du Plessis à Paris, par la connaissance des langues grecque, hébraïque, anglaise, allemande, italienne, par celle des mathématiques dont il avoit offert l'année dernière d'ouvrir au Collège un cours public et gratuit, demande accueillie honorablement par les assemblées administratives (2).

« M. Charloteau, prêtre, âgé de trente-cinq ans, nommé à la chair (*sic*) de rhétorique, sur l'acceptation de laquelle il ne s'est pas définitivement expliqué, jouissoit à la Val-Dieu d'une répu-

(1) Cette réponse est très intéressante, parce qu'elle nous donne les titres des professeurs de 1791. Elle montre aussi les griefs évoqués par les contre-révolutionnaires.

(2) Sur N. Halma, cf. l'intéressante biographie de M. Hannedouche, dans le 11e *Bulletin de l'Association*, et l'étude de M. Leroy, sur le discours de notre Principal. (*Bulletin* de 1889, nº XIIIe.)

lation qui ne lassoit rien à désidérer (*sic*) que de voir répondre au choix de la Municipalité.

« M. Vassant, professeur de seconde, âgé de vingt-six ans, avoit professé deux ans la même classe à Tulle, au collège des Théatins, dont les Supérieurs rendent à ses mœurs et à ses talents les témoignages les plus favorables.

« M. Ronphleur, professeur de troisième, avoit obtenu la chaire de quatrième au concours, il y a dix ans, et l'avait depuis quittée pour se marier et tenir à Stenay une maison d'éducation. La Municipalité de cette ville lui a délivré un certificat très avantageux.

« M. Jacquemart, professeur de quatrième, âgé de vingt-quatre ans, a obtenu dans l'Universalité (*sic*) de Reims, dans tout le cours de ses études, des succès brillants et soutenus, attestés par le Principal du Collège et garantis par la manière dont il a répondu à toutes les questions par lesquelles on s'est assuré de sa capacité.

« M. Agon, professeur de cinquième, étoit muni du témoignage de M. l'Evêque, sous les yeux duquel il avoit en dernier lieu été formé au Séminaire de Sedan.

« M. Warin, professeur de sixième, occupoit déjà depuis plusieurs années, la chaire de septième dans laquelle il a pour successeur,

« M. Lelièvre, dont l'application et les heureuses dispositions avoient été approuvées par M. le Procureur de la commune. »

(Suivent les signatures du Corps municipal).

Un document, malheureusement incomplet, nous donne les renseignements suivants sur deux de nos professeurs :

« Jean-François Romphleur, âgé de trente-sept ans, né à Dun, département de la Meuse, professeur depuis 1791, auparavant instituteur à Stenai, avant ayant déjà professé au Collège de Sedan..., réunit beaucoup de connaissances, bon mathématicien, littérateur, géographe et dialecticien, très-studieux, très-appliqué et plein de talens solides.

« Jean-Baptiste Warin, né à Rupt près Verdun, âgé de trente-six ans, professeur, non-seulement depuis 1791, mais encore depuis 1785, étant le seul des ci-devant instituteurs du Collège auxquels ceux actuels ont succédé en 1791... : il est très-capable d'enseigner les connaissances élémentaires, comme les principes de mathématique, de l'histoire, de la littérature..., a toujours montré beaucoup d'attachement à la Révolution et à la République..., a mérité d'avoir été employé par l'administration du district à rassembler les livres épars en divers lieux de ce district pour en former la Bibliothèque nationale... et à travailler au catalogue de ces livres, ce qu'il a fait avec zèle et intelligence. »

(Extrait de la réponse aux six questions faites par la Commission d'instruction publique, aux citoiens administrateurs du district de Sedan.) (Bibl. Sedan.)

***

La composition du personnel enseignant, en 1791, ne devait pas rester telle qu'elle figure dans les documents précédents ; en effet, par suite du défaut d'acceptation de la part de M. Charloteau, la chaire de *rhétorique* « à laquelle il étoit instant de pourvoir d'un sujet capable », fut confiée à *M. Vassant*, qui, lui-même, fut remplacé dans la classe de seconde par *Jean-Brice Le Moine,* maître de pension à Monthermé.

Que devint le Collège en 1792? Peut-être le rechercherons-nous l'année prochaine; disons de suite et pour terminer, que Vassant dut cumuler les fonctions de Procureur de la commune et de maire, avec celles de professeur, car il habitait encore sa petite chambre du Collège, le 12 thermidor an II (1); quant à Lemoine, aussitôt qu'il fut nommé maire, Gaillot, ancien prêtre de la Mission et ancien maire, le remplaçait dans sa chaire. Mais le Principal et les professeurs restèrent tous à leur poste pendant le cours de l'année 1791 ; la Révolution devenue plus avancée et plus terrible devait prendre dans leurs rangs un incapable, Lemoine, et un scélérat, Vassant. Pour l'honneur du Collège, puisse-t-il n'y avoir jamais que des Halma !

---

(1) Cf. Ch. Pilard, op. cit., 12e période.

LES FILLES DE LA PROPAGATION DE LA FOI

Avant la Révolution, si, presque partout, nous trouvons des instituteurs laïques, rétribués le plus souvent en nature par les parents des garçons et des filles qui fréquentaient les écoles, en revanche, les institutrices étaient toujours des religieuses, vouées par la règle de leur ordre ou leur propre volonté, à l'éducation des jeunes filles. A Sedan, en particulier, nous rencontrons les *Filles de la Propagation de la Foi* et les *Filles de l'Ouvroir*. Les secondes nous occuperont prochainement : quant aux Filles de la Propagation, l'histoire de leur maison de Sedan demanderait une étude détaillée qu'il ne nous appartient pas de présenter ici.

Fondées, comme l'on sait, par dame Louise de Malval de Neuville qui mourut en 1680 après s'être consacrée tout entière à l'instruction, les religieuses autorisées par lettres de Louis XIV (1668), avaient surtout pour mission de recueillir les demoiselles protestantes qui, échappant à l'influence de leurs parents, se convertissaient à la religion catholique : la plupart de ces jeunes converties instruisaient à leur tour d'autres jeunes filles. La communauté était, en général, composée de douze à quinze sœurs, dont quatre tenaient les classes (1777) : nous verrons qu'en 1790, elle était réduite à sept sœurs seulement, dont le but unique était alors l'instruction des filles.

Contrairement aux Capucins et aux autres ordres représentés à Sedan, les Filles de la Propagation de la Foi ont laissé après elle, malgré les troubles de la Révolution, une foule de documents relatifs à l'histoire interne de leur maison.

Peut-être l'entreprendrons-nous un jour ou l'autre. De 1668 à 1790, les renseignements abondent, grâce aux archives des Ardennes qui possèdent une grande partie des papiers du couvent (Arch. Ard. H. 443-446) : le coutumier de la maison, les associations et élections des sœurs supérieures, les notes sur les réceptions des sœurs, enfin un registre (le dernier), des recettes et dépenses de la communauté, le plus curieux de tous les documents, à notre avis, comme d'ailleurs tout ce qui intéresse la vie matérielle à la fin du XVIIIe siècle. Les Archives nationales, elles-mêmes (O. 660), contiennent une liasse relative à la maison de Sedan, et, en cherchant bien, il y a quelque espoir de trouver parmi les dossiers du tribunal une série de pièces dignes de la publication.

***

Les Religieuses vivaient donc tranquilles dans leur grande demeure, bordée par les rues de l'Horloge, des Francs-Bourgeois et Bécri, quand parvint le décret du 14 octobre 1790 qui les obligeait à faire au plus vite les déclarations requises sur leurs intentions. Les archives municipales nous ont conservé ces déclarations (Con K) : nous les transcrivons en ajoutant quelques notes sur le départ des religieuses.

Déclarations faites en exécution des art. 2, 3 du tit. 1er, 14 et 15 du tit. 2 du décret de l'Assemblée nationale concernant les religieux, religieuses et les chanoinesses séculières et régulières, sanctionné par le roi le 14 octobre 1790 et affiché à Sedan le 21 décembre suivant.

Maison des Religieuses de la Propagation de la Foi. (Jeudi 30 décembre 1790).

MADAME CHARLOTTE TICQUET, supérieure de la maison, âgée de 59 ans révolus, professe depuis 32 ans, déclare : 1° qu'elle est dans l'intention de persévérer dans la pratique de sa règle et dans la résidence de sa maison ; 2° qu'elle ne consent à être transférée dans aucune autre communauté religieuse ; 3° que dans le cas où il serait appelé dans la maison de Sedan des religieuses étrangères pour y soutenir la conventualité, laditte dame se réserve expressément le droit de quitter la communauté si la pratique des observances n'y étoit pas fidèlement soutenue sans aucun relâchement et sans innovation.

MADAME JEANNE-MARIE PETIT, âgée de 65 ans, professe depuis 46 ans, fait la même déclaration, et observe en outre la comparante que « par un testament reçu par devant notaires à Ligny-en-Barrois, le quinze mai 1787... il a été légué à la comparante la somme de trois cents livres de rente viagère... en vertu d'un legs de 6,000 l. par la demoiselle de Rive de Blanchecourt, tante de la comparante, et touché par la maison de la Propagation de la Foi, en conséquence nous a requis de lui donner acte de la réserve expresse qu'elle fait de répéter ladite somme de 6,000 l. en cas de vente des biens de la maison et dans tous les cas subsidiairement le payement des 300 l. de rente... indépendamment sans aucune confusion ni imputation de la pension de 700 l. à laquelle elle a droit en vertu des décrets de l'Assemblée nationale...

MADAME ALEXIS HUART, âgée de 44 ans, et professe depuis 21 ans, fait la déclaration de persévérance.

MADAME CATHERINE CHAUSSEL, âgée de 39 ans, professe depuis 13 ans, déclare quitter la maison, se réservant d'indiquer plus tard la résidence qu'elle aura choisie.

MADAME ALEXIS LE FEBVRE, âgée de 29 ans, professe depuis 10 ans, déclare rester à la maison.

MADAME MARIE-JEANNE ROBERT, âgée de 31 ans, professe depuis 9 ans, fait la même déclaration (1).

MADAME HÉLÈNE TIRRYON, sœur converse, âgée de 44 ans, professe depuis 11 ans, même déclaration.

De ces sept religieuses, Madame Alexis Le Febvre partit le 31 août 1791, Marie-Jeanne Robert se retira à Floing, chez sa mère, le 31 juillet 1791, Catherine Chaussel était déjà partie, et la supérieure suivit leur exemple. Le 7 octobre 1791, Hélène Tirryon, la sœur converse, déclarait

(1) Cette religieuse, née à Floing, en 1760, de J.-B. Robert, cultivateur, et de Françoise Docquin, décédée à l'hospice le 8 janvier 1832, était la tante de Mme Sarasin, née Robert, grand'mère maternelle de l'auteur de cette étude.

qu'elle était dans l'intention de quitter la maison conventionnelle, parce que toutes les personnes, à l'exception de deux (Mesdames Petit et Huart), l'avaient abandonnée ; mais le 12 du même mois, elle revenait sur cette déclaration et, maintenant celle qu'elle avait faite le 30 décembre 1790, elle persistait dans l'intention de continuer la vie commune.

Confiée à ces trois sœurs, dont l'une âgée et l'autre infirme (Madame Huart), qu'allait devenir la maison de L. de Malval ?

Presque aussitôt après le départ des dernières sœurs, une partie des bâtiments (le côté de la rue de l'Horloge), fut occupée par les chasseurs des Ardennes, ainsi qu'il résulte de l'inventaire dressé le 15 octobre par Legardeur le jeune, officier municipal chargé du logement des troupes. De cet inventaire (2), nous extrayons quelques détails curieux.

La première chambre basse à côté du réfectoire était occupée par une blanchisseuse, une autre par Lucas, une quatrième par Lotier, deux autres encore par des lessiveuses ; l'armurier habitait le fournil et une place voisine. Au premier, à côté de six logements et cabinets occupés par les chasseurs, étaient les logements du cordonnier, d'un musicien marchand de linge, de l'épronier *(sic)*, enfin du bottier : en tout 17 logements. Suit le détail des effets existant dans ces pièces et appartenant à la congrégation, dont nous épargnons à nos lecteurs l'énoncé un peu fastidieux : remarquons cependant « *6 bans d'écolle, 3 à 4 vielles chaises, une vielle armoire, un petit poil de fonte et ses tuyaux,* » dans la 5e chambre et dans la 7e « *6 bans d'écolle, 2 tables à écrire, un moyen poil de fonte,* » « *une mai à faire le pain* »

(2) Nous regrettons de ne pouvoir donner un plan du temple, ce qui aurait facilité la lecture de cet inventaire et du suivant ; mais il paraît qu'il n'en existe pas pour l'ancienne maison dont nous retraçons l'histoire.

dans le fournil, et encore « *3 bans d'écolle* » dans le logement du bottier.

***

Au commencement de l'année suivante (1792), le Directoire du département des Ardennes rendait, sur la proposition du Directoire du district de Sedan et les conclusions du Procureur général « sindic », un arrêté qui allait bientôt permettre à la Municipalité de disposer en entier des bâtiments laissés aux trois dames restantes. Voici ce document qui touche à une foule de questions intéressantes :

Extrait du registre des délibérations du Directoire du département des Ardennes.

« Cejourd'hui quinze février mil sept cent quatre-vingt-douze, le Procureur général sindic a fait le rapport d'une lettre écrite à l'administration par le Directoire du district de Sedan contenant que d'une supérieure, de cinq religieuses et d'une sœur converse dont la maison de la Propagation de la Foi était composée, il n'est resté en communauté que les dames Petit, Huart et la sœur converse ; que ces trois religieuses n'ont pas prêté le serment exigé par la loi du 17 avril 1791 de toutes les personnes chargées d'une fonction publique dans le département de l'instruction, qu'elles occupent cependant un local considérable, perçoivent les rentes des biens fonciers dépendans de la maison et les consomment entièrement quoi qu'elles dussent les partager avec celles de leurs sœurs qui ont quitté la vie commune conformément à l'arrêté du Directoire du département du 11 avril 1791 qui distribuant les revenus de ladite maison fixe à 678 l. 3 s. 3 d. par an le traitement de chaque religieuse qui aura préféré la liberté à la retraite, qu'il convient de faire cesser ce désordre et de pourvoir au remplacement de l'établissement destiné à l'instruction de la Jeunesse.

« Le Procureur général sindic exposant ensuite combien il est intéressant pour la Nation que les dilapidations dénoncées par le Directoire du district de Sedan dont la population est nombreuse, qu'un établissement de la nature de celui dont s'agit lui soit conservé, a conclu à ce qu'il fût pris des mesures efficaces à cette double fin,

« Et la matière mise en délibération, le Directoire

a arrêté et arrête que... les dames Petit, Huart et la sœur converse seront tenues de rendre compte par devant le Directoire des revenus quelconques de la maison qu'elles ont pu toucher en 1791,... leur fait défense de n'en plus toucher à l'avenir,... les déclare déchues de leurs fonctions en vertu de l'art. 1 de la loi du 17 avril 1791, invite le Directoire du district à proposer à l'administration les moyens de pourvoir provisoirement tant au remplacement des deux religieuses qu'à la dépense de l'enseignement dont elles étaient chargées, *ordonne que les dames Petit, Huart et la sœur converse évacueront ladite maison sous un mois au plus tard;* charge la Municipalité de faire l'inventaire de tous les meubles et effets qui ne seraient pas à leur usage personnel.........

« Délivré pour copie conforme... Signé : GAILLY. »

En exécution des ordres du Directoire général, l'administration du district de Sedan ordonnait le 28 février à Mme Huart de rendre ses comptes de gestion des revenus de la maison et de remettre à l'administration les registres qui ont dû être tenus à cet effet. Cet ordre est signé : Thilloy, Bretagne et Lamotte. Il avise, en outre, à la nomination d'un gardien de cette maison, car Mme Petit était morte quelques jours avant, et Mme Huart, infirme, « ne pouvait surveiller à ce qu'il ne se fasse aucune dégradation aux bâtiments, ou aucune soustraction des effets qui s'y pourraient trouver. » La Municipalité nomma en cette qualité Jean-Baptiste Barthélemy (délibération du même jour).

*
* *

Continuant à observer rigoureusement les décisions prises à Mézières, la Municipalité fit procéder le 26 février « à l'inventaire des effets de la maison ci-devant religieuse de la Propagation de la Foy : » MM. Joseph Béchet et Gigou Saint-Simon furent délégués dans ce rôle et remirent leur procès-verbal le 28 février. Cette pièce est trop importante pour que nous en négligions la copie *in-extenso :*

Inventaire des effets de la maison ci-devant religieuse de la Propagation de la Foy.

L'an mil sept cent quatre-vingt-douze, le vingt-huit février, en conséquence de l'arrêté du Directoire de département, nous, officiers municipaux de la ville de Sedan, soussignés, commissaires nommés par la délibération du Corps municipal du 26 présent mois pour faire inventaire chez les ci-devant religieuses de la Propagation de la Foi, nous sommes transportés dans leur maison sise rüe des Francs-Bourgeois, où étant, avons requis la demoiselle Alexisse Huart, seule professe restante dans ladite maison par le décès de la demoiselle Anne-Marie Petit, décédée depuis l'arrêté du Directoire du département, et sœur Hélène Tirrion converse, auxquelles nous avons donné lecture de la délibération susdite, de nous déclarer et représenter tous les meubles existans dans la maison qu'elles occupent, qui ne seroient pas à leur usage personnel. A quoi procédant, et nous étant transportez dans la chapelle sise au rez-de-chaussée, y avons trouvé :

CHAPELLE. — *Un autel garni de son tabernacle, tableau ; tabernacle dans lequel étoit un ciboire et un autre vase d'argent, huit cierges, les napes d'autel et un ornement, une lampe d'argent, huit tableaux attachés aux murs, deux bras en cuivre, quatre bancs, un tabouret en tapisserie et six chandeliers de cuivre, un seau de cuivre, un pot d'étain et trois plats d'étain, et le pavillon d'autel de couleur violette, trois rideaux de serge verte, une chaire à prêcher.*

SACRISTIE. — *Nous étant transportés dans la sacristie, y avons trouvé une petite armoire renfermant un calice avec la patène et son voile, deux crucifix, un tableau, un miroir.*

Trois chazubles, avec leurs étoles et manipules, deux aubes, un surplis, quatre amicts, un bonnet carré, deux pavillons d'autel, une fontaine d'étain, deux bréviaires, un rideau de serge verte, une soutanne, un prie-Dieu, trois petits tableaux, un fauteuil.

GRANDE SALLE. — *De la étant passés dans une salle voisine avons trouvé une grande armoire dans laquelle étoient six grands chandeliers d'argent, un crucifix, un soleil dans sa boîte, deux plats, le tout d'argent, deux petits flambeaux argentés, deux bras d'argent, un reliquaire, quatorze petits vases à fleurs, un rituel, un processionnal, deux rideaux blancs, quatre chasubles avec leurs manipules et étoles, deux boîtes de carton, soixante-dix-sept tant purificatoires que* lavabo, *une nappe de communion, un tapis d'autel, cinq tableaux, deux rideaux de fenêtre, sept chaises de paille, huit fauteuils de tapisserie, un encensoir d'argent, une navette d'argent, quatre burettes et une sonnette d'argent, une clef du tabernacle aussi d'argent, deux petits bras, des mouchettes, et deux petits chandeliers de cuivre argenté, une boîte à pains d'autel d'argent, une sonnette, deux moterets de fonte, une grande table à tiroir, une autre petite.*

Dans la salle voisine de la précédente, dite la SALLE DU CHŒUR, *six rideaux, six tableaux.*

SALLE DU PREMIER. — *Nous étans transportée dans une salle au premier étage prenant jour sur la rüe, y avons trouvé trois lits garnis de rideaux et pentes à serge verte, de deux matelas, une paillasse et deux couvertures de laine, un traversin et un oreiller, et une paire de draps, dix chaises de paille, trois fauteuils de tapisserie, deux tables, deux armoires, un grand coffre de cuir, un feu complet et une cheminée de tôle.*

Dans une petite chambre voisine, un lit garni comme ceux ci-dessus, une armoire.....

Observans que deux de ces lits sont à l'usage personnel de la demoiselle Huart et la sœur converse, et qu'elles ont réclamé à cet égard l'exécution des décrets. La dame Huart réclame le coffre de cuir.

Avons trouvé dans les armoires susdites quatre paires de draps qui ont été déclarées appartenir à la succession de la défunte demoiselle Petit, deux tayes d'oreiller, deux douzaines de serviettes, douze che-

mises, deux douzaines de mouchoirs, deux douzaines de coïffes de toile, une cueiller à caffé d'argent et une de cuivre, une nappe.

Passans dans une petite CHAMBRE VOISINE *y avons trouvé cinq armoires et deux très petites, en tout sept, un coffre de bois, un lit garni de deux matelas, une paillasse, un traversin, deux couvertures, plus un autre coffre de bois.*

Etant entrés dans une chambre dite de la BIBLIOTHÈQUE, *avons reconnu deux armoires à treillage, et rayons garnis de différens livres, une grande table, une petite, trois chaises de paille, un fauteuil de serge, une table de nuit, un autel et un Christ; les armoires garnies de rideaux rouges à l'intérieur.*

Dans une petite chambre voisine un lit garni de deux matelas et une paillasse, plus un autre garni d'un matelas, paillasse et traversin, et une armoire.

Etant descendus dans le RÉFECTOIRE *y avons trouvé cinq tables de bois, trois rideaux de serge verte.*

Dans la CUISINE, *une paire de motrets, chenets, peles à feu, pincettes, crémaillère, quatre pots, une bassinoire, écumoire, papinette, quatre casserolles, deux grils, une passette, deux chaudrons de cuivre, deux arrosoirs dont un de cuivre, vingt-quatre assiettes d'étain, plus quarante-neuf assiettes, cinq écuelles, une aiguière, huit salières, le tout d'étain.*

Ont déclaré qu'il existoit dans la partie de bâtimens occupés par les militaires des lits, armoires et chaises et autres petits objets dont M. Legardeur le Jeune a du faire inventaire lorsqu'il y a établi la troupe.

De tout quoi nous commissaires susdits avons dressé le présent procès-verbal, et avons déclaré à ladite dame Huart et à la sœur converse qui ont reconnu tous les effets mentionnés que nous les laissions à leur garde et conservation, ce à quoi elles ont consenti, et ont promis de les représenter toutes fois et quantes ; et ont signé avec nous les jour, mois et an susdits.

Joseph Béchet. Sœur Huart.
Gigou Saint-Simon. + marque de la sœur Hélène,
qui a déclaré ne sçavoir signer.

« *Le procès-verbal ci-dessus étant rédigé, et à l'instant que nous voulions nous retirer, le Directoire de district nous a fait remettre un arrêté en datte de ce jour, portant à notre égard obligation de constituer un gardien pour la garde et conservation des meubles et effets y énoncés, à quoi satisfaisans avons mandé le nommé* Jean-Baptiste Barthelemy, *à qui nous avons donné connaissance de tout le contenu dans ledit procès-verbal et l'avons constitué gardien des effets y contenus ; à laquelle garde il a consenti sous toutes les peines de droit et pour le salaire qui sera réglé par MM. du Directoire du district, et a signé avec nous lesdits jour, mois et an que dessus.*

« *Signé :* Joseph Béchet,
Gigou Saint-Simon,
Barthelemy. »

L'administration du district avait arrêté le jour même de la confection de cet inventaire, que M. l'Evêque serait invité de faire consommer les hosties que pourraient contenir les vases sacrés, de faire purifier ces vases, qui ensuite seraient apportés et déposés au secrétariat de l'administration. Le lendemain, aussitôt après la communication de l'inventaire, l'administrateur Thilloy faisait enlever de la Maison de la Propagation de la Foi les objets de quelque valeur, ainsi qu'il résulte du document suivant :

« *Je soussigné administrateur du Directoire du district de Sedan, reconnois avoir fait enlever de la Maison de la Propagation de la Foi de cette ville pour être transportés audit Directoire une lampe d'argent, deux plats, six grands chandeliers aussi d'argent, un crucifix de même métal, un encensoir avec sa navette, quatre burettes, une sonnette, une boëte à pains d'autel, un ciboire, un calice, une boëte dite conserve, un petit crucifix d'argent monté sur bois, tous les effets ci-dessus étant les seuls qui se soient trouvés en argent, les autres dont est mention en l'inventaire dressé le 28 février par MM. les Commissaires de la Municipalité de cette ville étant de cuivre argenté. Au moïen de quoi ladite Municipalité et le gardien commis par elle à la conservation des effets de ladite maison demeureront dûment déchargés de ceux mentionnés au présent état.*

« *Fait en la maison de la Propagation de la Foi, à Sedan, le premier mars mil sept cent quatre-vingt-douze.*

« THILLOY.

« *Ils demeureront également déchargés d'un reliquaire en bois doré (1), que nous avons fait déposer en l'église cathédrale par M. Toussaint, premier vicaire de M. l'Evêque du département des Ardennes.*

« *Les jour et an susdits.*

« THILLOY. »

*
* *

L'extinction de la maison religieuse de la Propagation entraînait la ruine des écoles publiques et gratuites établies en faveur des jeunes filles : la Municipalité, justement émue de l'abandon où se trouvait le sexe faible, au moment où les réformes de l'instruction étaient dans l'air, adressa, après un discours de Lenoir-Peyre, éloquent, mais prétentieux comme tous ceux de ce temps-là, un extrait de sa délibération au Conseil général pour l'inviter ainsi que le Directoire général du dépar-

(1) Ce reliquaire est aujourd'hui en notre possession ; il a été retiré de l'église par Mme Marie-Jeanne Robert, et laissé dans sa succession : il nous vient de notre grand'mère, et, après avoir été donné à une personne de Bouillon nous a été rendu l'an dernier.

tement, à rétablir des écoles pour les jeunes filles (délibération du 27 mars 1792). La demande fut bien accueillie à Sedan par le Directoire du district, le 30 avril; mais à Mézières, après en avoir référé au directeur de la régie des domaines nationaux (31 mai), le Directoire déclara « qu'il n'y avait lieu à délibérer quant à présent, avant que l'Assemblée nationale n'ait décrété le mode d'éducation publique et que la Municipalité n'ait justifié des moyens qu'elle a pour faire face aux dépenses qu'exigent les différents établissements publics proposés. » (11 juin 1792).

Pendant que la ville faisait des démarches au chef-lieu pour tâcher d'occuper ses bâtiments à moitié vides, « le Directoire du district, à la demande de M. Mayeux, commissaire des guerres à la résidence de Sedan, autorisait la Municipalité à laisser les deux salles qui servaient à l'enseignement des jeunes filles dans laditte maison au sieur Jametz, préposé pour la construction des fours de campagne, pour loger les ouvriers constructeurs sans qu'ils en puissent exiger aucunes autres fournitures et sans pouvoir s'immiscer dans les autres lieux de laditte maison et à la charge par elle de faire renfermer dans les autres places les effets et barreaux de fer qui ont été détachés et qui appartiennent à la nation.

« Fait en Directoire, à Sedan, ce vingt-huit avril mil sept cent quatre-vingt-douze.

« Signé : Thilloy,
Lenoir, procr,
Lamotte,
Bretagne. »

Ici s'arrêtent les documents que nous avons pu trouver aux archives municipales (carton K, série Z, n° 5). En 1793 et l'an II, quand la bande de Vassant envoyait au Mont-Dieu un grand nombre de nos concitoyens (73 et plus), sur d'infâmes dénonciations, l'ancienne maison de L. de Malval servit de maison d'arrêt, et c'est là que devait périr Michel Lepage, tambour de la garde nationale, le 7 prairial an III. Mais nous ne voulons pas rééditer ce triste épisode de la réaction : nous préférons laisser à nos lecteurs le soin de relire les belles pages que M. Ch. Pilard a écrites à ce sujet, et nous souhaitons qu'elles leur donnent, comme elles nous l'ont donné, le goût des études locales.

LES FILLES DE L'OUVROIR

Comme les Filles de la Propagation de la Foi, les Filles-sœurs de l'Ouvroir ou de la Sainte-Famille s'occupaient, dans leur maison de la place du Château, de l'instruction des jeunes filles. Leur ordre était le tiers-ordre de Saint-Dominique qu'elles adoptèrent lors de leur fondation à Sedan, en 1695 (1). Le Pouillé de l'abbé Baulny (1777) raconte ainsi leur origine : « Deux filles pieuses vivaient ensemble dans la plus parfaite union : elles n'étaient occupées que de leur travail et des exercices de la plus haute piété, sous la conduite de leur curé, M. Huchon, qui leur donna un règlement et des pratiques pleines de sagesse... La piété de ces bonnes filles leur attira des compagnes : elles augmentèrent jusqu'au nombre de neuf. Alors elles se chargèrent des écoles de Donchery, et successivement de celles de Gorze et de Thiaucourt, au diocèse de Metz. »

Les fondatrices étaient au nombre de trois, contrairement à ce que dit l'abbé Baulny. Nous tenons leurs noms de M. Ch. Pilard : c'étaient *Jeanne de Tilly*, *Aimée Serval* et une Sedanaise, *Catherine Gesuc*, dont un parent fut monteur de chardons au Dijonval peu après la Révolution de 1830. Quant à Me Claude Huchon, il fut curé de Sedan de 1690 à 1703 et le premier curé de Saint-Charles, après l'abandon de l'église Saint-Laurent qui menaçait ruine (M. l'abbé Depoix).

La communauté prospéra, et en 1752 s'adressa

(1) L'abbé Baulny dit à tort que c'est au début du XVIIIe siècle.

à M. de Rohan, archevêque de Reims, pour le supplier de les autoriser à faire dorénavant leurs vœux à lui et à ses successeurs, au lieu de les faire au curé de Sedan. La demande fut accueillie et l'archevêque leur donna un règlement peu différent du premier.

En 1777, les Filles étaient au nombre de douze: un document des Archives Nationales *(Souvenirs sedanais* de M. H. Rouy, VI, p. 56 et suivantes) montre qu'en 1781, des quinze sœurs qui composaient alors la communauté, cinq habitaient Sedan, chef-lieu de l'établissement, les dix autres étaient réparties entre les villes de Donchery, Carignan, Gorze et Thiaucourt.

L'abbé Baulny n'est pas tout à fait d'accord avec la « requête du 18 août 1781 » adressée au roi par la municipalité de Sedan : « *Elles subsistent*, dit-il, *dans les écoles des honoraires qu'elles reçoivent des paroisses; et à Sedan, elles se soutiennent par leur travail... elles y tiennent des écoles dont elles sont payées chaque mois par les parens des enfans.* » Le règlement de l'archevêque de Rohan exigeait d'elles qu'elles donnassent *gratuitement* une bonne éducation aux jeunes personnes de leur sexe, et leur apprissent des métiers qui, dans la suite, puissent leur procurer leur subsistance. Les Filles de l'Ouvroir étaient, en effet, d'habiles ouvrières dans le travail de la dentelle point de Venise ; il paraît même que leur nom venait de là. Mais elles étaient aussi économes et bonnes administratrices, car en 1781 « leurs pensions consistaient en une maison place du Château, estimée 18,000 livres, en une métairie de 8,000 livres, et en 26,000 livres de capitaux produisant intérêts, en tout 52,000. » Le secrétaire de l'archevêché, cité plus haut, évaluait, quatre ans avant, leurs revenus à 25,000 livres.

En 1790, la communauté semble n'être pas très prospère, malgré la création d'une école au Chesne. Les sœurs étaient réduites à quatre et une novice ainsi qu'il résulte des notes suivantes :

Déclarations des sœurs de la Sainte-Famille, faites, en vertu du décret du 14 octobre 1790, les 30 décembre 1790; 1er janvier, 6 janvier 1791, remises au district le 23 janvier. Signé : BAUDIN, maire.

Marie-Jeanne DEFAUX, supérieure, âgée de 56 ans, professe depuis 36 ans, déclare qu'elle désire persévérer dans la pratique de sa règle.

Jeanne LALLEMAND, âgée de 51 ans, professe depuis 29 ans, même déclaration.

Marguerite PONCELET, âgée de 32 ans, native du Sart-devant-Jehonville, professe depuis 13 ans, demeurant actuellement au Chesne pour la tenue des écoles,

Et Marie-Claude DORIGNY, âgée de 26 ans, professe depuis 8 ans, demeurant actuellement au Chesne, et y exerçant la profession de sœur d'école chrétienne pour les enfants de son sexe, persistent dans la pratique de leur règle.

Jeanne-Françoise NOEL, âgée de 20 ans, nous requiert de recevoir la déclaration qu'elle nous fait d'avoir résidé dans la maison depuis près de quatre ans, d'y avoir fait son noviciat et d'avoir été disposée à faire profession... ajoutant qu'elle désire qu'il lui soit permis de continuer de résider dans la maison, et d'y rendre librement tous les services qui dépendront d'elle. (Arch. Sedan. Con K, série Z, no 1).

Les services que les Filles de l'Ouvroir rendaient à la Ville étaient assez grands pour qu'on les conservât au même titre que les Sœurs grises de l'Hôpital. Mais l'intérêt de l'instruction publique fut sacrifié au besoin de changement qui régnait alors; aussi à la séance du 28 mai 1791, le procureur de la commune, Lemarié, requérait, au nom des principes nouveaux, l'expulsion des Frères des écoles chrétiennes et profitait de l'occasion, pour signaler les griefs allégués contre la Maison de l'Ouvroir. Voici ses propres paroles :

« Nous avons à vous dénoncer et nous vous dénonçons les Filles-sœurs de l'Ouvroir qui chargées d'un enseignement public et ayant pensionnat s'immiscent, *dit-on*, à prêcher machinalement des maximes antireligieuses que la tradition monacale leur a transmises... et qui s'abstiennent, ainsi qu'un saint usage les y astreignait, de fréquenter l'église paroissiale; en conséquence *requérons* qu'à jour indiqué elles soient mandées pour que le Corps municipal puisse s'assurer de leurs dispositions... »

Mais la séance fut absorbée par la discussion du remplacement des Frères et les Sœurs de l'Ouvroir furent oubliées : elles partirent avec les Capucins et les Filles de la Propagation de la Foi, laissant abandonnées l'instruction et l'éducation des jeunes filles que l'Assemblée Nationale se proposait de régler sur des bases nouvelles.

Après la Révolution, elles revinrent dans leur ancienne maison, qu'elles avaient rachetée de leurs propres deniers ; en 1819, elles étaient au nombre de trois et une postulante (1). Mais l'arrivée à Sedan des Sœurs de Sainte-Chrétienne (1818), rendit presque inutiles leurs services, d'autant plus que l'ordre de Saint-Dominique était sans chef, elles quittèrent notre ville peu de temps après.

---

(1) Arch. Sedan. État des congrégations religieuses de femmes, 1816-1819. C^{on} X2, série P, n° 15.

LES FRÈRES DES ÉCOLES CHRÉTIENNES (1)

A la fin du XVIIIe siècle, les Frères institués par Jean-Baptiste de La Salle (1679) étaient, à Sedan, les vrais instituteurs populaires, puisque l'instruction laïque n'était donnée que par quelques maîtres libres rétribués par les parents des élèves. La Ville, aidée des libéralités d'une personne charitable, Mlle Pillas, les avait appelés, « pour enseigner gratuitement les pauvres enfants dans les bonnes mœurs et la piété. » Les Frères arrivés en 1762, étaient alors au nombre de trois : Me Jean Hanotelle, conseiller du roy et son procureur en l'hôtel de ville de Sedan, d'accord avec les Officiers de ville, autorisés de M. le Commissaire de Parti en la Province, les avait installés dans une maison de la rue Sainte-Barbe, appartenant aux héritiers du sieur André Beauchamp (2). Mais, dès le 28 décembre, des « personnes mal intentionnées » avaient fait opposition à l'instance en homologation pendante devant la Cour du Parlement de Metz : elles avaient, d'ailleurs, été déboutées le 13 décembre 1763 et condamnées à mille livres de dommages-intérêts applicables audit établissement. Le mois de décembre était décidément fatal aux Frères, car l'année suivante, les héritiers Beauchamp ayant vendu leur maison de la rue Sainte-Barbe, le nouveau propriétaire, « Me Jean-Baptiste Rambourg, greffier en chef à la maîtrise particulière des Eaux et Forêts et notaire royal au

(1) M. Henry Rouy a publié récemment un important volume sur *les Frères à Sedan*. Notre éminent compatriote avait bien voulu nous communiquer ses épreuves. Nous y avons puisé quelques renseignements que ses recherches avaient mises au jour et nous avons profité de son travail si neuf et si puissamment écrit, pour faire à notre étude plusieurs rectifications nécessaires.

(2) Nous ignorons l'emplacement de cette maison, les documents font absolument défaut à ce sujet.

bailliage présidial de Sedan, » signifiait aux Officiers de ville, habitants, corps et communauté, représentés par « le sieur Jean Hannotelle, sieur procureur syndic » congé de cette maison, déclarant qu'il entendait en prendre possession par lui-même pour la fête de saint Jean-Baptiste (4 décembre). Le procureur syndic réunit à la hâte le Conseil de ville, lui communiqua le congé qu'il avait reçu, et leur fit part de la nécessité pressante de louer un nouveau local pour les Frères (1). Les Officiers de ville assemblés le 15 décembre se quittèrent sans rien décider et le procureur fut forcé de les sommer par ministère de Jean Decouroy, huissier, de déclarer s'ils voulaient, oui ou non, procurer un logement convenable auxdits Frères. Cette sommation produisit tout l'effet qu'on en attendait, et le jour même, 21 décembre, le procureur trouvait la solution de la difficulté.

Le plan de Me Jean Hannotelle, en présence du peu de temps qui lui restait pour chercher un logement, fut de s'adresser aux bureaux « de l'Œuvre et Fabrique Saint-Charles, et de l'Hôtel de la Miséricorde. » Ces bureaux assemblés offrirent à la Ville de lui louer une maison qu'ils possédaient chacun pour moitié, maison occupée alors par le sieur Charles Veimer, aubergiste, auquel il restait encore deux ans de bail à faire, à partir de la Saint-Jean-Baptiste 1765 : cette maison s'appelait *les Trois Maures :* Veimer en reçut congé le lendemain au nom des receveurs charitables, MM. Dumont et Launois. Le 5 janvier 1765, la Ville était sommée par le procureur de passer bail avec les administrateurs de la Fabrique et de l'Hôtel de la Miséricorde pour deux ans à raison de 400 l. par année et de prendre possession de la maison *des Trois Maures*, *rue Saint-Michel*,

(1) L'usage de donner congé avant Noël et de louer six mois avant la saint Jean-Baptiste (24 juin) est un usage immémorial à Sedan : il n'a changé que pendant la Révolution comme la date de la fête patronale et les jours de foires.

pour y installer les Frères et leurs écoles. (Arch. Sedan. GG. 9, 10).

***

Peut-être n'est-il pas inutile d'insister un peu sur l'emplacement de cette maison, dont la recherche nous a appris beaucoup de choses nouvelles et dont le nom reste le type de ces vieux souvenirs disparus qui forment le musée de la rue. Dire qu'il nous a été facile d'en découvrir la situation exacte, ce serait mentir à nous-même, mais nous y sommes parvenu, grâce au concours de nos distingués compatriotes, MM. l'abbé Depoix et Ch. Pilard, dont les renseignements personnels nous ont mis sur la bonne voie.

M. l'abbé Depoix s'était attaché à relever pour nous dans les registres des « Résultats du Bureau des Pauvres » ce qui concernait l'histoire de l'auberge énigmatique : nous savions par eux qu'elle était « *scituée faisant coin sur les rües de l'Horloge et du Sainct-Michel où pend pour enseigne les Trois Morts* (sic), *provenant de deffunct Jean l'Evesque.* » Depuis 1697 jusqu'en 1754, nous avions suivi, dans les trois registres les plus anciens de l'Hospice, les actes la concernant : baux à divers aubergistes, cuisiniers, rôtisseurs ou pâtissiers, vote de réparations urgentes après les « estappes de troupes, » etc..., nous savions qu'elle avait été léguée à la Fabrique et au Bureau des Pauvres par testament du 12 octobre 1684 de Me Jean L'Evesque, marchand drappier et de Louise Aubry, sa femme, les archives de l'Hospice renfermant au sujet des dons et legs du généreux marchand une liasse de 5 parchemins et de 60 pièces papier (liasse cotée B, 96) : parmi ces pièces, quelques-unes indiquaient qu'elle était « scize proche l'Hostel de cette ville, faisant coin et ayant entrées sur les rües Neuve vers l'Horloge et de Saint-Michel, tenant d'une part à Me Mailfait, advocat et juge en ce siège, du costé de la rue de l'Horloge, d'autre et du costé de ladite rue Saint-

Michel, à la demoiselle Thierry, aboutissant à M. d'Estagnol » : la maison consistait en chambres basses, hautes, caves, cour et greniers, il y avait un banc de pierre devant la porte. Un inventaire des biens de l'Hospice nous apprit même que la maison avait été vendue le 15 ventôse an III, moyennant 60,600 l. Mais, malgré ces précieuses indications, nous ignorions toujours l'emplacement exact de l'*Hostel des Trois Maures :* quel était au juste, entre les coins des rues de l'Horloge et Saint-Michel, celui qui avait été autrefois la résidence des Frères et l'hôtel à l'enseigne étrange ? A part le coin où est aujourd'hui l'établissement des Sœurs, et où se trouvait depuis 1614 l'Hôtel de Ville, le doute restait possible entre les trois autres. Les archives de la Ville et l'ouvrage de M. Ch. Pilard nous ont tiré d'embarras : dans l'état des biens de la Fabrique, dressé le 23 nivôse an II, figure « la moitié d'une maison à Sedan louée à Claude Fossois traiteur pour 306 l. 10 s., estimée 6,743 l. » (1) : or M. Pilard nous raconte qu'au sortir du théâtre, la foule élégante de l'ancien régime se rendait en partie fine chez le traiteur à la mode, *Claude Fossoy,* notable de 1792, guillotiné le 15 prairial an II avec la Municipalité présidée par M. Desrousseaux, et la maison occupée par notre restaurateur du « high-life » était celle qui fut depuis le *Café des Arts* et aujourd'hui la *Taverne alsacienne.* Aucun doute n'était plus possible : une déduction logique et des recherches attentives nous avaient conduit à découvrir l'endroit exact où les Frères furent transférés en 1765 (2).

***

(1) Arch. Sedan. C^on H 3, série P n° 1.

(2) L'ouvrage plus haut cité de M. H. Rouy dit en note qu'après 1792, l'enseigne des *Trois Maures* remplaça, rue du Ménil (maison Méleux) celle des *Trois Roys*, et M. Ch. Pilard avec son inépuisable bienveillance nous a appris que cette enseigne « barbare » avait précédé le *Panier Fleuri* à l'auberge qui a toujours occupé le coin du faubourg du Ménil et de la place de Nassau (maison Robert).

Les Frères ne durent pas dépasser aux *Trois Maures* les deux ans du bail qui restaient à courir à Veimer, car le 18 avril 1767, la maison était louée à Nicolas Charbuy, maître traiteur et rôtisseur à Sedan, successeur de son père François Charbuy, adjudicataire de ladite maison de 1725 à 1760. (Etude de Me Brazy, auj. Me Cousin). Que devinrent-ils alors? Le pouillé de l'abbé Baulny (1777) nous rapporte bien qu'ils s'installèrent au faubourg du Ménil, dans la maison dite des *Quatre-Sapins* (aujourd'hui pensionnat des Sœurs de Sainte-Chrétienne), maison que la Ville louait pour eux et qui ne fut jamais leur propriété, comme le dit M. Prégnon (1).

Les Frères établirent ensuite, avant 1791, à une époque qui nous échappe une école au Petit-Quartier (rue Crussy, auj. école communale) : en 1790, ils avaient obtenu de la Municipalité la création au faubourg de la Cassine de deux nouvelles classes.

A ce propos, Le Marié, procureur de la commune, celui qui devait, l'année suivante, requérir leur expulsion, fut le premier à demander le vote nécessaire à cette fondation. Ses paroles sont curieuses à enregistrer : elles diffèrent sensiblement de celles qu'il prononça le 28 mai 1791.

« Le 19 octobre 1790, le procureur de la commune a dit : Qu'une personne charitable avait le 25 octobre 1762 fait offrir par M. Launois, receveur charitable une somme de 8000 livres pour subvenir aux frais de l'établissement en cette ville des Frères des Ecoles chrétiennes, que ce qui relevait le mérite de cet acte de bienfaisance était la modestie rare de la bienfaitrice qui avait exigé qu'on ne la nommât point : que la reconnaissance, ce retour sur le souvenir du bienfait, lui imposait le devoir de ne point laisser dans l'oubli le nom d'une citoïenne vertueuse, que cette citoyenne était demoiselle Nicole Pillas : que l'administration de l'exercice de 1763 avait par une délibération du 3 septembre de la même année rejeté une institution utile, que ce soulèvement qui n'avait d'autre caractère qu'une contradiction malfaisante

(1) M. Henry Rouy démontre, sans conteste, l'erreur de M. Prégnon.

portait avec lui l'impression du blâme (1) ; qu'on ne saurait trop donner de l'activité et de l'encouragement à une institution dont le principe était d'instruire la jeunesse, de l'élever par la capacité au-dessus de la classe à laquelle elle semblait être destinée par une existence voisine de la pénurie ; *en conséquence requérait qu'il fut établi dans le faubourg de l'Hôpital, ou autre lieu opportun, une école composée de deux frères desd. écoles chrétiennes...* »

Le Conseil général autorisa le Corps municipal à louer l'emplacement nécessaire et à faire pour le logement et ameublement toutes les dépenses indispensables : le traitement devait être le même, pour les deux nouveaux Frères, que pour les six déjà établis. Cette délibération ayant été approuvée par le Directoire du Département (4 décembre 1790), le 27 janvier 1791, le Bureau municipal composé de Baudin, maire, Louis Edet le jeune et Joseph Béchet, louait au sieur Laurent Villain, à raison de 130 l. par an « deux chambres contiguës faisant partie de sa maison située en la Grande Rue du second faubourg du Rivage, au premier étage à gauche, l'une prenant jour sur la rue et l'autre sur la cour... » Le sieur Villain s'engageait à faire sortir à la Saint-Jean-Baptiste, le cabaretier logé dans la maison : ici, comme aux Trois Maures, les Frères faisaient déménager un honnête aubergiste (2).

Avant leur départ, nous trouvons encore un document relatif aux Frères : c'est une requête adressée par cinq d'entre eux au Conseil communal : elle est intéressante en soi parce qu'elle montre la pénurie dans laquelle ils se trouvaient, et nous fait connaître le nom des instituteurs chrétiens à cette époque, et de plus le résultat auquel elle aboutit prouve qu'en mars 1791 la Municipalité n'était pas dans les mêmes dispositions que

(1) Le Marié fait allusion aux événements de 1763 que M. H. Rouy raconte, avec détails inédits, dans son livre plus haut cité.

(2) Sur l'école de la Cassine, cf. Arch. Sedan, con K, série Z, no 1.

deux mois plus tard. Voici cette pièce extraite des archives communales (c^{on} K, série Z, n° 1) :

A Messieurs les Officiers municipaux
et Conseil général de la Commune
à Sedan,

Supplient très humblement les Frères des Ecoles chrétiennes que la maladie de leur supérieur les ayant constitués dans une dépense extraordinaire, ils se trouvent donc bien fondés à espérer de votre bonté et de votre justice, un secours qu'ils réclament et qu'ils espèrent obtenir de votre charitable bienveillance ; la médiocrité de leur traitement ne leur permet pas, même étant incommodé, de se procurer un verre de vin ; ils ne peuvent, Messieurs, vous exprimer leur sensibilité, et combien ils sont peinés de vous faire l'exposé de leur pressante nécessité.

C'est avec la plus respectueuse confiance qu'ils ont l'honneur d'être, Messieurs, vos très humbles et très obéissants serviteurs.

F. Onésime, F. Narcisse, F. Renauld,
F. Léopold, F. Quentin.

Le Conseil général, sur ce ouï son procureur leur accorda sous forme d'indemnité une somme de 150 l. Cette allocation du 9 mars 1791 précéda de deux mois le départ des Frères. Baudin, Le Marié et les Conseillers si bienveillants encore en 1790 devinrent au mois de mai les fidèles exécuteurs des décrets de l'Assemblée. C'est qu'entre temps étaient intervenus deux actes d'une haute importance pour nos instituteurs : le décret du 26 septembre 1790 maintenait dans leurs fonctions les congrégations ayant pour objet l'éducation : mais le décret du 22 mars 1791, marquant une évolution vers des idées plus avancées et moins tolérantes, exigea de tout *professeur* le serment civique. Le supérieur général de l'Institut des Frères refusa catégoriquement la prestation de ce serment, ce qui amena aussitôt la fermeture de leurs écoles et l'expulsion des instituteurs chrétiens dans toute la France (1). C'est, sans doute, en exécution de ce décret, que le 28 mai, le

(1) H. Rouy, *op. cit.*

Procureur de la commune (1) de Sedan proposait leur déchéance et réclamait leur sortie en ces termes :

« Messieurs, prévenus des principes inconstitutionnels dans lesquels les frères des écoles chrétiennes établis en cette ville élevaient les enfants confiés à leurs soins et des maximes irréligieuses dans lesquels ils les entretenoient au scandal *(sic)* du public et de la défection pour la prière dans le sein de notre église épiscopale, vous avez mandé et entretenu individuellement ces instituteurs infidèles, chacun d'eux interrogé en particulier vous a manifesté son vœu pour la désobéissance aux lois de notre constitution... l'audace de ces instituteurs salariés a été poussée au point de vous avouer hautement une coalition anti-sermentelle,

Vous avez pensé que la manière la plus propre pour atteindre la confiance publique était l'ouverture d'un concours aux places vacantes...

Nous sommes informés en outre que lesdits frères ont disposé et vendu partie du bois que la Ville leur a fourni pour leur consommation annuelle... *Nous requerons qu'incontinent lesdits frères soient tenus de déloger faire place nette et qu'il soit surveillé à ce qu'ils n'emportent rien d'affecté à un service public.* »

Le Corps municipal — chose curieuse — ne répondit que sur un chef au désir du Procureur : il sembla négliger la conduite « anti-sermentelle » des instituteurs et arrêta que « les Frères des Ecoles chrétiennes aiant laissé environ trois cordes de bois scié, ce surplus de ce qui leur a été délivré est censé avoir été par eux consommé ; » (la Ville leur accordait, en effet, leur bois de chauffage annuel et, en 1791, les Frères étaient accusés d'en avoir vendu trois cordes à leur profit). En conséquence les notables de cette époque décidèrent de

(1) Le Marié Jean-Augustin, né à Sedan le 24 avril 1741, père de deux enfants, ancien homme de loi, conduit au Mont-Dieu le 7 frimaire an II, puis relâché et repris, alléguait, le 3 germinal an II, pour prouver son patriotisme : « Le 28 mai 1791, j'ai requis l'expulsion des petits Frères dont la doctrine en gâtant le cœur tuait l'esprit public ; le 4 juin j'ai fait chasser les Capucins qui empoisonnaient le patriotisme... » Ces paroles diffèrent un tantinet de celles du 19 octobre 1790. (Interrogatoire de plusieurs détenus au Mont-Dieu. Arch. Sedan, con K, série Z, no 3).

les remplacer au concours : « après avoir fait concourir tous les sujets qui se sont présentés sur l'écriture, la lecture, l'orthographe et le calcul, et pris sur leur vie et mœurs les informations capables de justifier le Corps municipal et de mériter la confiance du public, » ils nommaient les sieurs :

Charles Montouilloux, François-Nicolas Lasalle, J.-B^te^-Aimé Mailfait,	Pour la tenue des trois classes du Petit-Quartier.
Paul Menu, Guillaume Briet,	Pour le faubourg du Mesnil.
J.-B^te^ Herbulot, J.-B^te^ Maréchal,	Pour le faubourg du Rivage.

lesquels prêtèrent serment le 30 mai et reçurent chacun 500 livres de traitement par an.

Ainsi remplacés par des instituteurs laïques dont plusieurs allaient devenir des hommes marquants dans le nouvel état de choses (1), les Frères n'eurent plus qu'à se retirer : leur directeur, le Frère Gaspard, demeura cependant à Sedan et fonda après 1793 une école libre à l'ancien hôpital, rue Rovigo, n° 15 (2). La communauté disparue de l'enseignement pendant toute la Révolution ne devait reprendre, dans notre ville, la succession des anciens protégés de Mlle Pillas qu'après de longues années de discussions et de retards, en 1829.

---

(1) Ch. Montouilloux fut en l'an II secrétaire de la maison de sûreté nationale du Mont-Dieu, l'un des plus fermes amis des Boucher et des Vassant : il devait retrouver là… en qualité de prisonnier son ancien confrère, Paul Menu.

(2) Nous avons emprunté ce renseignement inédit au volume cité de M. H. Rouy.

PROCÈS-VERBAL DES EFFETS DE LA FAYETTE

(20-21 Août 1792)

La semaine du 12 au 19 août 1792 pourrait s'appeler la grande semaine de la Révolution à Sedan. Si elle n'est pas, dans nos annales, marquée, comme tant d'autres, du sang de nos concitoyens, elle est celle qui devait amener deux ans plus tard la Municipalité à l'échafaud, et, loin de se contenter d'une victime unique, du coup elle en fit guillotiner vingt-sept.

Celui qui fut l'inspirateur de nos Conseillers, La Fayette, menacé de destitution et de comparution devant un conseil de guerre, avait, au nom de la constitution violée, fait arrêter par eux les Commissaires de l'Assemblée. Le 14, jour de leur arrivée, il dînait au Monvillers, chez M. Poupart de Neuflize (1), et il arriva vers le soir à la commune avec le maire Desrousseaux et l'évêque Philbert, pour assister à l'interrogatoire des délégués de l'Assemblée. En sortant, il devait se sentir plus à l'aise, et croire à la renaissance de ses vœux les plus chers. Mais, dès le 15 août, le vent changea : Mayenne-et-Loire, Allier, lui refusent leur confiance, et les papiers publics lui apportent tour à tour, par petits morceaux, les nouvelles de Paris : le pillage de son hôtel, son rappel à Paris, sa destitution, le décret du 17 qui

(1) Ce détail peu connu nous est fourni par la déposition de la citoyenne Halma, née Poncelet, dans une affaire arrivée au club du collège, où M. Poupart prit la parole contre Vassant. (Arch. Sedan : C^on K 8, série Z, n° 6).

rend la commune et le département responsables de l'arrestation des Commissaires.

Laissant à *Mon-Repos*, propriété de M. Rousseau de Givonne (1), quartier général de l'armée du Centre, ses aides de camp et une grande partie de ses bagages, il quitta la France avec trois de ses officiers, Bureau de Puzy, Lameth et Latour-Maubourg, sur lequel nous reviendrons. Daverhoult, colonel du 7me dragons, voulut les rejoindre mais, poursuivi par des douaniers, il se tira un coup de pistolet dont il mourut à Sedan, le 26 août (2). C'est de Bouillon que l'ex-général envoya à notre Municipalité la lettre fameuse où il dégage la responsabilité du Maire et des Conseillers, et leur signifie son départ.

La Fayette parti, le premier acte du Conseil fut de relâcher les Commissaires (il était environ onze heures du matin), et ceux-ci s'empressèrent, dès l'après-midi du 20, d'ordonner aux officiers municipaux « de se transporter au quartier général pour arrêter les bagages, papiers et autres objets qui s'y trouvent et les faire conduire à Sedan. » Le juge de paix, Cunisse, s'y rendit à six heures du soir, pendant qu'à l'hôtel de ville, on rédigeait une lettre de contrition et de regrets au ministre Roland. Le lendemain, il continuait ses opérations et le résultat de son inventaire est consigné dans la pièce encore inédite que nous publions à l'anniversaire de la grande semaine (3).

(1) Le passage de La Fayette à Sedan a donné lieu à deux erreurs que nous nous permettons de relever : un article récemment paru dans *l'Echo* attribue à M. Desrousseaux, la propriété de Mon-Repos, c'est une confusion de noms : de plus, le nom n'existait pas à la Révolution, dit notre compatriote auteur de l'article, la pièce que nous publions démontre le contraire.

(2) Daverhoult portait la croix de Saint-Louis : cette croix en or et travers en argent, pesant cinq gros et demi, estimée 40 livres, fut fondue à la Monnaie, le 14 août 1793, ainsi qu'il résulte du procès-verbal conservé à la bibliothèque de Sedan *(don Cunin-Gridaine*, c[on] K).

(3) Cette pièce est extraite des archives de Sedan, c[on] J 4, série I, n° 49.

*
* *

Procès-verbal des effets de M. de La Fayette.

Cejourd'hui vingt aoust mil sept cent quatre-vingt-douze, l'an 4me de la liberté, les six heures de relevée, nous Pierre Cunisse, l'un des juges de paix de la ville de Sedan, ayant pour ressort et arrondissement la partie orientale de ladite ville, à la réquisition de MM. les Officiers municipaux de ladite ville, en conséquence de l'ordre à eux donné ce jour par MM. Kersaint, Antonelle et Péraldy, commissaires de l'assemblée nationale, sommes transporté à l'assistance du sieur Pierre Verrier, officier municipal, et Pierre Gibou-Vermont, notable habitant, deux délégués par lesdits sieurs Officiers municipaux, transporté en la maison du sieur Rousseaux, située au haut du Moulin-à-Vent de cette ville appelée *Mon Repeau*, à l'effet et conformément au susdit ordre de reconnaître et arrêter les bagages, papiers et autres objets qui se trouvent dans ladite maison, destinée pour le quartier général de l'armée ; où étant assisté desdits sieurs Verrier et Gibou avons trouvé au domicile occuppé par M. Lafaliette, le sieur Coulon, secrétaire de l'état-major de l'armée : et l'ayant requis au nom de la loi de nous conduire dans les appartemens qu'occupoit ledit sieur de La Fayette, il nous a d'abord ouvert une chambre basse qui servoit de bureau au cartier général, et examin fait dans ladite chambre n'y avons trouvé qu'une malle dans laquelle sont renfermés les effets appartenans audit Coulon.

De suite, ledit sieur Coulon nous a conduit dans l'allée qui conduit au petit bois attenant à laditte maison et y avons trouvé un grand char, chargé d'équipages que ledit sieur Coulon nous a déclarés appartenir audit sieur de La Fayette.

Nous avons aussi remarqué une voiture à quatre roües sur laquelle se trouve une bache, et ayant demandé audit Coulon à qui les objets appartenoient, il nous a déclaré que ledit sieur de Lafayette en estoit le propriétaire, ainsy que d'un portefeuil qui se trouve dans la susditte voiture et dont la clef se trouve entre les mains dudit sieur Lafayette.

Cette reconnaissance faitte lesdits sieurs Verrier et Gibou-Vermont nous ont déclaré que pour se conformer à l'ordre donné à la Municipalité, il était nécessaire de faire conduire en la ville de Sedan tant le char contenant les bagages que la susditte voiture à quatre roües pour les conduire conformément à l'ordre de MM. les Commissaires de l'Assemblée nationale au devant de la porte de la maison commune de cette ville pour ensuite être par la Municipalité dressé procès-verbal des objets qui se trouveront compris tant sur ledit char que de la voiture à quatre roües.

Nous ayant fait conduire dans les autres appartemens occupés par ledit sieur de La Fayette n'y avons rien trouvé.

De tout quoi nous avons fait et rédigé le présent procès-verbal que nous avons signé avec ledit sieur Verrier et Gibou et notre greffier, les jour, mois et án que dessus.

Signé : Gibou-Vermont, Verrier, Buvignier, Coulon, Cunisse.

Et cejourd'huy vingt un août mil sept cent quatre-vingt-douze, les quatre heures de relevée, nous juge de paix susdit assisté de notre greffier ayant été mandé et requis par MM. les Officiers municipaux de cette ville, pour faire la description des effets de campement et autres qui ont été trouvés au cartier général de l'armée et deposés en la salle de la maison commune de ladite ville en vertu de notre procès-verbal ci-dessus et des autres parts, et defférant à leur invitation, avons de suite procédé à la description des effets comme il suit :

Premièrement cinq tentes en toile unie, deux marquises de toile de coutil doublées d'indienne, une autre marquise toile unie avec un tour de toile bleue, une autre grande marquise aussi toile de coutil, une autre grande marquise de toile bleue, deux tours de marquise et une autre en toile ; deux malles en cuir doublées de toile de coutil, deux paires de cantine en cuir, et différens picquets servant aux tentes et marquises, trois bêches, un hoyau, et différens petits picquets ; une malle contenant des bouteilles vuides ; lesquels effets de campement ci-dessus avons laissés en la garde et possession de MM. les Officiers municipaux pour les représenter au besoin.

Fait les jour et an que dessus et avons signé avec lesdits sieurs Officiers municipaux.

Joseph Béchet, Noel-Laurent, Cunisse, Rousseau, Petitfils, Buvignier, Gigou Saint-Simon.

Et ledit jour les six heures de relevée à l'invitation et réquisition de MM. les officiers municipaux de cette ville, nous juge de paix susdit assisté de notre greffier, sommes transporté en la maison du sieur Joseph Béchet, officier municipal à Sedan, dépositaire de la voiture à quatre roües et d'une bache qui se trouve sur l'impériale appartenant à M. de la Fayette, général de l'armée du centre, à l'effet de faire la description des effets qui peuvent se trouver tant dans laditte bache que laditte voiture, à quoi satisfaisant avons procédé à ladite description en présence dudit sieur Béchet comme il suit :

Savoir la voiture à quatre roües avec ses coussins et glaces dans laquelle voiture nous avons trouvé un plat et deux assiettes et deux caffetières ferblanc, un matelas de crin tryé, d'une grosse toile grise, un sabre avec sa poignée de cuivre jaune, un goblet de fayance, un autre d'argent avec une petite cuillière à caffé aussi d'argent, une petite lenterne de ferblanc, une écritoire de chagrin dans laquelle trois cahiers de papier à lettre doré sur tranche, deux paires de bottes de cuir et une embouchure, deux bridons, une bride à mains, deux licols, un sac de nuit, une selle avec les étriers, un chapeau de toile sirée, une couverture de selle en cuir ; avons ensuite fait descendre la bache de la susditte voiture et ouverture faite d'icelle y avons trouvé une boëtte bois verni avec deux poignées de cuivre doré que nous avons trouvé fermée, une paire de pistolets avec ses poches de maroquin et couverture de velours cramoisi galonné en or, un casque, une carte contenant la constitution française, un registre contenant règlement de l'infanterie, un roulot de papier blanc, un porte manteau de cuir dans lequel se sont trouvés différens imprimés et un sac dans lequel se trouvent environ deux cartels d'avoine, qui sont tous les effets trouvés dans la susditte voiture et dans la susditte bache, lesquels effets, ustenciles, voiture et bache, avons laissés en la garde et possession dudit sieur Joseph Béchet qui s'en est volontairement chargé pour le tout représenter au besoin. De tout quoi nous avons rédigé le présent procès-verbal que ledit sieur Béchet a signé avec nous et notre greffier les jours, mois et an que dessus.

Joseph Béchet, Cunisse, Buvignier.

*
* *

Parmi les objets trouvés au quartier-général, tous n'appartenaient pas au général. Les aides de camp, MM. de La Colombe et de Caire envoyèrent leurs domestiques François Laurier et Pierre Haquet réclamer aux commissaires les effets qui étaient leur propriété. En présence de Cunisse, les domestiques reprirent, des effets déposés sous la halle, plusieurs objets à l'exception d'un portefeuille appartenant à M. de La Colombe, dont la réception était certifiée le même jour (21 août) par les commissaires. Que contenaient le portefeuille de La Fayette et celui de son aide de camp ? Nous l'ignorons, et il est probable que les papiers qu'ils renfermaient sont aujourd'hui perdus.

Le Conseil général de la commune n'était sans doute pas pressé de communiquer au département l'état des effets laissés par les officiers en fuite, car le 30 août, les administrateurs du Directoire du district de Sedan, Barré, Thilloy, Lamotte et Bretagne, demandaient au plus vite remise de l'inventaire de Cunisse. Le 31, on envoya au Directoire le procès-verbal que nous venons de reproduire et en outre le détail des effets de Latour-Maubourg : ce dernier nous manque, mais le compagnon de La Fayette a laissé à Sedan quelques traces de son passage. Latour-Maubourg, maréchal de camp, comme il s'appelle lui-même, avait son quartier à Belle-Vue (1) : comme La Fayette, il avait ressenit un coup profond des événements du 10 août et comme lui, moins compromis cependant, il partit. Le 19 juillet de cette même année 1792, il avait, dans la prairie, prêté le premier le serment à la Constitution ainsi que le constate le procès-verbal suivant (2) :

Cejourd'hui dix-neuf juillet 1792, l'an 4e de la Liberté, heure de midi, nous maire et officiers municipaux de Sedan, en conséquence du réquisitoire de M. Latour-Maubourg, commandant la quatrième division de l'armée de la Moselle, expositif que les bataillons de guerre des 94e et 99e régiments d'infanterie, les escadrons de guerre des 1er et 2e régiments des hussarts, et 3e régiments des chasseurs n'ayant pu satisfaire aux dispositions de la loi du 21 mars 1790, avaient manifesté leur vœu de remplir le plus cher de tous leurs devoirs, celui qui unit tous les Français par les liens intimes de la fraternité, nous sommes transportés en la prairie de Sedan, où nous avons trouvé en bataille lesd. bataillons et escadrons, commandés par M. La Fayette, général en chef et après que les officiers de toutes les armes sortis de leurs rangs ont accueilli d'une voix unanime le serment fédératif, dont la formule a été répétée en notre présence par mond. sieur Latour-Maubourg à la tête de chaque bataillon et escadron, et répondu unanimement par tous les individus composant lesd. bataillons et escadrons par les mots : *Je le jure.*

Latour-Maubourg partit avec La Fayette : que laissait-il à Belle-Vue ? Mystère, mais le général en chef, lui, laissait à Sedan une Municipalité qu'on a bien accusée depuis, parce qu'elle a été victime, et qui n'a eu qu'un malheur : se confier et obéir à un traître.

---

(1) Campagne sise au-dessus du Fond-de-Givonne, aujourd'hui propriété Bernutz.
(2) Arch. Sedan. : Con K8, série Z no 13.

ASSASSINAT DE VISSEC DE LA TUDE

(5 septembre 1792).

Jean-Maurice, chevalier de Vissec de La Tude, chevalier de l'Ordre royal militaire de Saint-Louis, ancien capitaine attaché au régiment de Languedoc-infanterie, né le 27 décembre 1738 à Sedan, était fils de messire Henry de Vissec, chevalier seigneur de La Tude et autres lieux, baron de Mureaux, mestre de camp de dragons, lieutenant pour le roy très chrétien et commandant des ville et terres de Sedan et dépendances, gentilhomme de son altesse royale monseigneur le duc d'Orléans, seigneur de la grande et petite Mécourt, Pouru-Saint-Remy, etc... et de dame Anne de La Garde, alliée à la famille encore existante des Lambin d'Anglemont de Tassigny (1).

(1) Voici son acte de baptême que nous publions pour la première fois d'après les archives de l'état civil de Sedan :

« L'an mil sept cent trente-huit le vingt-huitiesme décembre, je Charles Marius prêtre supérieur de la Maison de la Congrégation de la Mission et curé de la paroisse royale de Saint-Charles de Sedan soussigné ay baptizé le fils de *messire Henry de Vissec de Lattude*, chevalier de l'Ordre militaire de Saint-Louis, mestre de camp des dragons, lieutenant pour le roy de la ville et et principauté de Sedan, et de *dame Anne de La Garde de Lattude*, ses père et mère, ensemble demeurans en cette paroisse, né hier auquel on a imposé le nom de *Jean Maurice*. Le parrain a été *messire Jean Maurice de Vissec marquis de Fontes, cornette au régiment d'Orléans*, et la marraine a été *demoiselle Marguerite Moyen*, pour et au nom de dame Marguerite Richart, épouse de messire Julvecourt, conseiller au Parlement de Metz, qui ont signé avec mond[t] Vissec de Lattude père.

Signé : Jean Maurice Vissec de Fontes,
Marguerite Moyen.

MARIUS. »

L'ancien officier, dont la mort tragique doit occuper une place dans nos centenaires, avait épousé damoiselle Marie-Elisabeth-Joséphine-Henriette Croyer, fille de messire Jean-Joseph Croyer, écuyer, chevalier de l'Ordre royal militaire de Saint-Louis, ancien capitaine au régiment de Touraine-infanterie (1). De ce mariage naquit, le 12 février 1781, une fille Anne-Joséphine, dont le parrain fut son aïeul maternel messire Joseph Croyer, et la marraine dame Anne de La Garde, veuve de messire Henry de Vissec de La Tude, son aïeule paternelle.

La famille de La Tude était-elle celle du célèbre évadé de la Bastille ? Quelques personnes l'affirment, mais un proche parent de M. de Vissec, M. de Beffroy, déclare le contraire (2). Cette famille possédait autour de Sedan, de nombreuses propriétés, entre autres une campagne à Floing (le Hattoy), et la ferme de Maugré, près Carignan. A Sedan, Vissec de La Tude habitait la maison actuelle de Mme Payon (3). Il était premier assesseur du juge de paix de la partie occidentale de Sedan, alors M. Ninnin.

***

De Vissec de La Tude était un royaliste convaincu et même... entêté ; il continuait, après les événements du 10 août, à promener par la ville son ruban rouge et sa croix de Saint-Louis, et, malgré les avertissements de ses compatriotes, ne prenait aucune précaution contre les menaces à lui faites depuis quelque temps déjà. M. Ch. Pilard a raconté avec force détails le prélude, la réalisation et la suite de son assassinat : nous nous bornons, cent

(1) C'est à Mlle Croyer, de Sedan, que le baron de Stonne, marquis de Sy, le poète Alexandre-César-Annibal Frémyn, dédia en 1775 une de ses Epitres qui figure dans son rarissime portefeuille.

(2) *Souvenirs sedanais* de M. H. Rouy, 2e série, p. 176.

(3) Rue Gambetta, 32 et place du Rivage, 2.

ans après sa mort, à consigner ici quelques renseignements oubliés ou peu connus.

C'est le mercredi 5 septembre dans la soirée, qu'étant sorti, après son dîner, en compagnie de son vieil ami l'abbé Demaugre par la place de l'Isle, de Vissec de La Tude fut insulté et attaqué par des soldats, probablement des fédérés marseillais ou bretons (1) ; poursuivi et traqué jusque dans la petite rue Békri ou des Religieuses (auj. rue Cappel), son épée brisée, parant les coups avec son bras, il succomba fatalement, et un soldat breton lui trancha la tête : cette tête resta, paraît-il, exposée vingt jours au bout d'une pique, devant l'église cathédrale, et les collégiens, au sortir de classe, venaient la regarder, comme une chose curieuse. Le corps, lardé de coups de sabre et de couteau fut jeté à la Meuse dans le canal de l'usine Paignon, d'où la veille déjà on avait retiré un noyé. Plus tard, le corps fut recueilli par la famille Maucomble d'Artaise, habitant place du Rivage, et enterré à Villette (2).

Que se passa-t-il avant le dîner, dans l'après-midi du 5 septembre? Le mieux informé de nos compatriotes, M. Ch. Pilard, tient de ses vénérables parents que Vissec était allé consulter à l'hôtel de ville les papiers publics. Mais la présence de la malheureuse victime à la commune est expliquée d'une façon plus précise par une pièce officielle dont cette étude a pour objet d'extraire quelques passages (3). D'après ce document inédit, il résulte qu'à trois heures de l'après-midi, le Conseil général étant assemblé, a été amené « M. Jean-Maurice de Vissec, premier assesseur du juge de

(1) Les écrivains sedanais sont d'accord pour reconnaître que nos compatriotes n'ont pris aucune part à ce meurtre terrible.

(2) H. Rouy, *op. cit.*, p. 166. — Aux archives de Glaires, il n'existe aucun acte de sépulture ; peut-être les Maucomble ont-ils enterré le cadavre dans leur parc de Villette.

(3) Procès-verbal d'apposition et de levée de scellés après le décès de Jean-Maurice Vissec de La Tude. *Arch. Sedan*, con J5, série I, no 50.

paix... arrêté par le sieur Bourgoin, premier boulanger et un grenadier de la garde nationale de Charleville, sous prétexte qu'il s'émigrait avec une voiture chargée de meubles et effets. M. de Vissec, interrogé sur les causes de son voyage, a déclaré qu'il était venu ce matin de Carignan où il séjournait depuis quelque temps à cause de ses moissons et qu'il y retournait pour les achever, que sa fille y était restée et qu'il y avait dans sa voiture quelque argenterie et un peu de numéraire. » Voici, pour les curieux, ce que MM. Verrier et Caillon trouvèrent dans cette voiture (1) :

« Un habit bleu, enveloppé en deux serviettes, deux paquets de caffé, dix couverts d'argent enveloppés dans deux mouchoirs blancs, dix cuillères à caffé renfermées dans une petite boëte, six autres cuillères à caffé renfermées dans une autre petite boëte, le tout d'argent rayé et armoirié : une écuelle d'argent et son couvercle non armoirié, une petite caffetière d'argent armoiriée, quatre serviettes, une paire de petits pistolets, poire à poudre et balles, une paire de mules enveloppée dans un linge, un pain de sucre, un paquet d'effets de femme, deux jupons, dont l'un de laine et l'autre de coton, six paires de bas de fille, trois chemises de femme, plus deux autres, deux mille trois cent quarante livres contenu en huit sacs, le tout dans un porte-manteau verd, six grandes cuillères d'argent et six cuillères ordinaires, le tout enveloppé dans une serviette, six chemises d'homme et six paires de bas de soie, cinq paires de bas de soie blanc et six cols, deux habits un bleu, un blanc, dix paires de bas de soie, du linon, le tout dans un porte-manteau de cuir ;

« Ensemble son portefeuille cacheté du cachet de la maison commune et du sien propre et à l'instant *sa croix y est déposée ;* il a été retrouvé de plus six couverts d'argent rayé et armoirié, de plus six fourchettes trouvées dans ses poches, un porte-lunette, un tire-bouchon et trois cent soixante-cinq livres en assignats. »

***

(1) Le carrosse à quatre roues dans lequel Vissec était au moment de son arrestation, fut reconduit seulement le 17 septembre sous la remise de sa maison ; jusque-là il était resté au château.

On a toujours constaté que la Municipalité ne s'était pas inquiétée outre mesure de cet assassinat ; elle était gravement compromise depuis l'arrestation des commissaires et elle se tenait coite pour chercher à rentrer en grâce auprès de l'Assemblée et de Danton (1), lequel ordonna, dit-on, d'étouffer l'affaire. Cependant, elle ne pouvait pas se soustraire à l'obligation de faire apposer les scellés chez notre compatriote, d'autant que son héritière unique était mineure.

Donc, le 6 septembre 1792, à deux heures de relevée, sur l'avis des officiers municipaux, représentés par Yvon-George-Jacques Saint-Pierre et Louis Edet l'aîné, J.-B. Ninnin, juge de paix, se transportait dans la maison de la place du Rivage, « à l'effet ci-après du meurtre de M. de Vissec de Latude, commis pendant notre absence dans une émeute populaire, comme ayant été ledit sieur de Vissec soupçonné et accusé devant la Municipalité de vouloir s'émigrer. » Tout d'abord le juge de paix trouva un domestique du nom d'Hilaire Journée et une « fille-domestique » appelée Marie-Catherine Paul, qui l'introduisirent dans une salle du rez-de-chaussée donnant sur la place et sur la grande rue de Bourbon. Notre intention n'est pas de le suivre à travers les diverses pièces de cette maison; nous constaterons seulement qu'à l'aide de « deux petites clefs apportées à la Municipalité comme ayant été trouvées dans les poches dudit sieur Vissec après sa mort, » le juge de paix ouvrit une armoire dans laquelle était un paquet de clefs qui servirent à pénétrer dans le reste de l'appartement ; il apposa les scellés sur toutes les portes, depuis les caves à vin et à bière jusqu'aux greniers et se retira à sept heures, laissant la garde des scellés aux domestiques du défunt.

Avant la levée définitive des scellés, J.-B. Ninnin revint une fois encore dans la maison. Le

(1) Alors membre du Conseil exécutif provisoire, nommé le 10 août avec Roland, Clavière, Monge, Le Brun et Servan.

1er lieutenant-colonel du 43e régiment d'infanterie, Chantepie, nommé le 17 août gouverneur de la ville et du château de Bouillon, avait laissé là divers effets de campement : il les réclama au Directoire du district qui ordonna le 20 septembre au Juge de Paix de les lui restituer. Un autre officier du 43e de ligne, ci-devant royal-Vaisseaux, celui-là même qui commandait le détachement chargé d'arrêter les Commissaires le 12 août, le colonel Sicart, parti en émigration, sans doute avec Lafayette, avait abandonné dans la *chambre noire* du premier étage deux malles et une caisse en bois, que le District se proposait de faire saisir et ouvrir. Et, en effet, le 16 frimaire an II (6 décembre 1793), les administrateurs décidaient la vente des effets enfermés « dans la malle de Sicard, ci-devant major du royal-Vaisseaux, émigré, ainsi qu'un porte-manteau et une malle à l'adresse de Delaleu, capitaine de grenadiers au 98e régiment d'infanterie, ci-devant Bouillon, aussi émigré, effets déposés rue de l'Egalité, maison ci-devant de Vissec Latude. » (1).

Enfin, le citoyen de Beffroy, de Charleville, tuteur d'Anne-Joséphine de Vissec (2), requit le 27 octobre du corps municipal la levée complète des scellés et J.-B. Ninnin et son remplaçant Pierre Brazy père (3) y procédèrent les 3, 5, 6, 7, 8, 9 novembre, 7 décembre 1792, clôturant leurs opérations le 5 janvier 1793.

---

(1) Arch. Sedan. Con **K** 5, série **Z** no 10.

(2) M. de Beffroy, fils d'une sœur de Vissec, Louise-Marguerite, avait été nommé tuteur de sa cousine le 26 octobre, au refus de Bernard de Vissec, de Carignan, oncle de la mineure, et de la veuve de Jean-Joseph Croyé, de Floing, son aïeule maternelle. Il appartenait à une famille, dont le chef était, par droit de succession, grand bailli d'épée du Soissonnais et qui possédait dans les Ardennes de nombreuses terres. (Cf. Arch. Ardennes, C 3 et 533).

(3) J.-B. Ninnin avait été élu juge au tribunal du district de Sedan : élu maire en 1791, il avait préféré conserver sa place de juge de paix ; il demeurait place du Rivage.

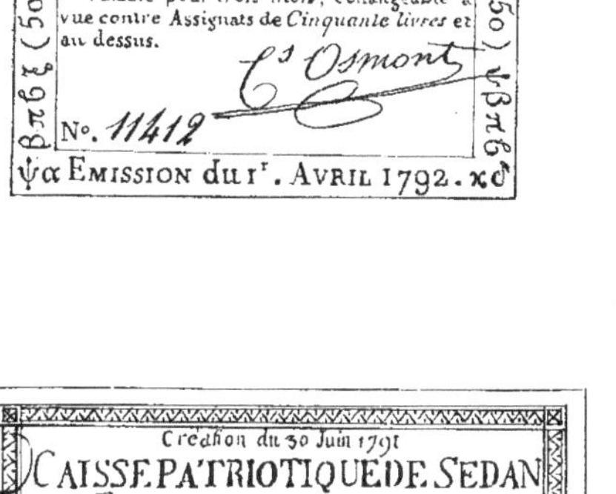

(SEDAN.)

CAISSE PATRIOTIQUE.

Bon de CINQUANTE sols.

Valable pour trois mois, échangeable à vue contre Assignats de *Cinquante livres* et au dessus.

N°. 11412

EMISSION du 1er. AVRIL 1792.

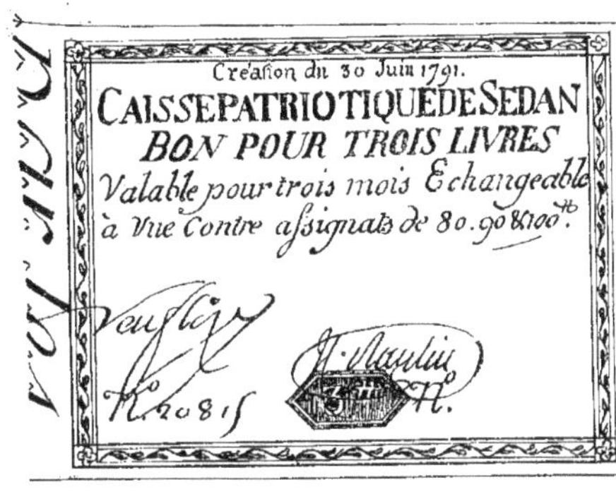

Création du 30 Juin 1791.

CAISSE PATRIOTIQUE DE SEDAN

BON POUR TROIS LIVRES

Valable pour trois mois Echangeable à Vue Contre assignats de 80. 90 & 100 ₶.

N° 2081[illegible]

Création du 30 Juin 1791

CAISSE PATRIOTIQUE DE SEDAN

BON POUR DEUX LIVRES

Valable pour trois mois Echangeable à Vue Contre assignats de 50 60 & 70 ₶

N° 17535

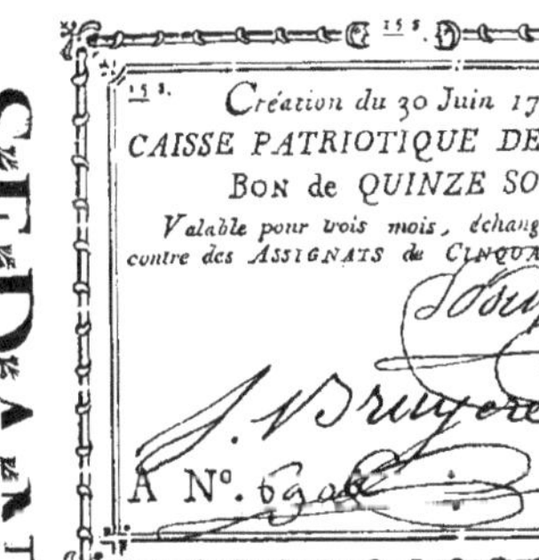

Création du 30 Juin 1791.

CAISSE PATRIOTIQUE DE SEDAN.

BON de QUINZE SOLS.

Valable pour trois mois, échangeable à vue contre des ASSIGNATS de CINQUANTE liv.

A N°. 69[illegible]

LA CAISSE PATRIOTIQUE

(Juin 1791. — Novembre 1792).

A Sedan, comme dans les autres villes du Royaume, les premiers contre-coups de la Révolution s'étaient manifestés par des embarras pécuniaires : l'argent monnayé était parti à Paris, avec les lingots, les bijoux, les vaisselles précieuses, pour soutenir les charges de la lutte interne et externe. Avant 1789, la dette publique était énorme : la Révolution l'avait accrue encore « comme les douleurs d'une opération qui sauve le malade, augmentent l'épuisement de ses forces avant de lui rendre la santé. »

Le premier remède fut la création des assignats, sorte de mobilisation du capital foncier considérable que la Nation possédait : l'assignat donné en paiement aux créanciers de l'Etat représentait, dans l'esprit des Constituants, une portion du prix des biens mis en vente, garantie par une valeur réelle, le bien lui-même : le système n'était donc pas comparable aux billets de Law qui n'avaient pour les soutenir aucun gage certain et connu. Mais il est arrivé que l'assignat étant un titre au porteur négociable, ayant cours comme monnaie légale, chassa fatalement le numéraire à l'étranger, opération d'abord régulière et lente, accélérée ensuite par les accapareurs de métal dont les manœuvres firent vite baisser le taux des assignats (1). De plus, l'assignat fut d'abord émis pour de grosses sommes (2,000 et 1,000 livres) destiné qu'il était à servir à l'achat des biens nationaux par les propres créanciers de l'Etat, et il n'était guère ainsi un moyen facile de remplacer l'argent qui continuait à partir : aussi créa-t-on successivement les papiers de 500, 100 livres jusqu'à ceux de 5 livres qui, avec les gros sous, firent

(1) Nous reproduisons ici, d'après les délibérations du Conseil général de Sedan, le procès-verbal dressé par les citoyens Suchetet et Profinet, des variations de valeurs de l'assignat de 100 livres en notre ville (30 messidor an V, 18 juillet 1797).

	1791	1792	1793	1794
Janvier	91 1/2	68 »	54 1/2	46 1/8
Février	91 »	59 1/4	52 3/4	42 1/8
Mars	90 3/8	58 1/8	51 1/2	37 »
Avril	89 1/2	63 7/8	43 1/2	36 3/4
Mai	86 1/4	57 3/8	45 7/8	33 1/8
Juin	84 3/4	57 5/8	35 5/8	30 5/8
Juillet	85 »	60 3/4	24 1/2	32 7/8
Août	80 1/8	60 1/8	24 1/8	31 1/8
Septembre	81 1/4	66 1/2	28 »	28 3/4
Octobre	83 »	69 1/4	28 »	27 3/4
Novembre	80 7/8	68 »	34 1/4	25 »
Décembre	75 1/8	70 7/8	48 1/4	20 3/8

	1795
Janvier	19 1/4
Février	18 »
Les 20 premiers jours de mars	15 1/8

	An III	An IV
Germinal	12 1/8	»
Floréal	8 »	»
Prairial	5 »	»
Messidor	3 1/4	»
Thermidor	3 »	»
Fructidor	2 3/8	»
Vendémiaire	»	1 7/8
Brumaire	»	1 »
Frimaire	»	» 3/4
Nivôse	»	» 5/11
Pluviôse	»	» 5/12
Ventôse	»	» 1/3

cesser dans une certaine mesure l'embarras des achats journaliers.

Avant l'émission des petits assignats, plusieurs villes avaient trouvé un second procédé pour faire face à ces ennuis résultant de l'absence de monnaie métallique : Bordeaux, Nantes, Lille, Lyon, Paris avaient établi des CAISSES PATRIOTIQUES pour émettre des billets de petite valeur, échangeables à bureau ouvert contre des assignats. Ce système, pratiqué surtout dans les villes manufacturières, où les petites bourses sont plus nombreuses, réussit assez bien, et ne fut différé à Sedan que « par suite de la délicatesse et du désintéressement des fabricants qui n'épargnèrent aucun sacrifice pour payer à un prix énorme le numéraire restant et le distribuer aux ouvriers. » (1).

Mais la nécessité l'emporta et la Caisse patriotique fut fondée au début de juin 1791. Voici les termes mêmes du préambule des statuts affichés dans la ville et les manufactures :

Etablissement d'une Caisse patriotique pour la ville de Sedan.

Nous, soussignés, négocians, manufacturiers et entrepreneurs de la ville de Sedan, y demeurant, considérant : 1° que le numéraire, cet aliment nécessaire des fabriques et du commerce, est devenu tellement rare qu'il est impossible aujourd'hui de s'en procurer à tel prix que ce soit ; 2° que le seul moyen de parer à cet inconvénient, qui entraîneroit infailliblement la ruine de la manufacture et plongeroit dans la plus affreuse misère les nombreux ouvriers qu'elle entretient, seroit de créer une Caisse patriotique sur les principes de celles qui viennent d'être établies avec le plus grand succès à Paris, Lyon, Bordeaux, Lille, Nîmes et autres villes commerçantes du Royaume : après avoir mûrement délibéré sur cette matière et communiqué notre projet au corps municipal qui n'a pas hésité d'y donner son approbation, par sa délibération du 30 novembre 1790 ; après avoir tout récemment encore consulté nos concitoyens composant la *Société des Amis*

(1) Cette introduction sur le rôle des assignats et des bons patriotiques nous a été fournie par une « *Adresse de la Municipalité de Sedan aux citoyens* : » rédigée en la maison commune le 23 juillet 1791, signée de Baudin, maire et des conseillers, elle a été imprimée chez C. Morin (24 pp. in-8°). M. J.-B. Brincourt l'a mise bienveillamment à notre disposition.

de la Constitution de cette ville, nous avons arrêté de former entre nous un semblable établissement et contractons par ces présentes l'engagement de maintenir et exécuter fidèlement tous les articles qui vont être détaillés et qui n'ont d'autre objet que d'assurer les bases de la confiance et d'entretenir l'ordre et la bonne harmonie dans notre Société (1).

Suivent les statuts de la Société en 31 articles, que nous résumons ici :

Pour la Caisse, on fabriquera des bons de 2, 3 et 6 livres, échangeables à vue contre des assignats et valables pour trois mois fixes. Les bons de 6 livres imprimés en rouge ne pourront être échangés que contre des assignats de 300 livres et au-dessous ; ceux de 3 livres en bleu contre des assignats de 100 livres et au-dessous ; ceux de 2 livres en noir contre des assignats de 50, 60 et 70 livres. Il sera créé provisoirement des bons pour la somme de cent quatre-vingt mille livres, somme qui ne pourra être dépassée que du consentement de l'Assemblée. Les bons de la Caisse n'auront pas cours forcé : la Caisse sera fermée dès que l'argent sera revenu au pair avec les assignats.

La Société sera dirigée par sept administrateurs dont le premier en voix sera président : un caissier responsable effectuera les échanges des bons en assignats et des assignats en bons.

Les ouvriers recevaient en paiement, des bons qu'ils donnaient aux fournisseurs ayant consenti à les recevoir et inscrits sur des listes affichées dans la ville et les manufactures. Dès que les fournisseurs avaient un assez grand nombre de ces bons pour se procurer un assignat, ils les échangeaient contre un assignat égal en valeur au montant des bons. L'opération inverse s'accomplissait par les manufacturiers qui faisaient partie de la Société.

*
* *

La Caisse avait été créée le 18 juin 1791 : la

(1) La constitution de la Caisse est signée : veuve Laurent ; Husson-Canel et Cie ; Desrousseaux et fils ; Bacot père et fils et Millard ; Chardron père, fils et Cie ; J.-A. Poupart de Neuflize et fils ; Simon Bruyères et fils ; Louis Poupart ; Nicolas Raulin père et fils ; Louis Dautun et Cie ; Simon Poupart-Malfuson et Cie ; Pierre et Jean Barthélémy frères ; Le Gardeur frères ; Brincourt père, fils et Cie ; Paul Drouin et Osmont ; Louis Labauche et fils ; Louis Clouet, père et fils ; Charles Bruyères et Cie ; veuve Augustin Raulin ; Rousseau et fils ; Jean Labauche père, fils et Cie ; Etienne Gridaine ; Ternaux et fils ; Etienne Béchet et Cie.

Municipalité lui avait donné son appui et M. de Montesquiou, député de Paris, commissaire de l'Assemblée nationale dans les Ardennes, la Meuse et la Moselle, avec Devismes et Colonna, disait dans son rapport du 13 juillet : « Les assignats « circulent bien, et avant les derniers accapare- « ments de numéraire, leur échange s'était soutenu « à un prix modéré. Aujourd'hui l'on combat « l'avidité des usuriers par l'établissement des « caisses patriotiques : nous en avons vu naître « une à Sedan et une autre à Charleville ; on « s'occupait d'en établir à Metz...... Nous avons « fortement recommandé de l'associer avec la « petite monnaie, sans laquelle ses avantages sont « médiocres. » Elle avait émis le 30 juin des bons à trois mois d'échéance ; mais le 18 septembre, en présence de la disparition absolue du numéraire et de l'agiotage constant, on décida d'en prolonger le terme en prenant soin d'appliquer aux bons laissés en circulation le timbre sec de la ville. Le mois suivant, la Société demanda au corps municipal de l'appuyer auprès des commissaires de la Trésorerie nationale « pour obtenir par semaine un échange d'assignats de 5 à 50 livres dans la quotité marquée par un besoin indispensable et un intérêt commun. »

Mais l'Assemblée nationale pressée par la nécessité, projette d'assujettir au droit de timbre les bons au-dessus de 6 livres : la Caisse de Sedan s'empresse de retirer les siens de la circulation (29 mai 1792). Enfin le 15 novembre 1792, la Société prévient les porteurs que, d'après le décret qui supprime les bons, ils doivent être tous rentrés le 1er janvier 1793. Un décret avait autorisé la création des Caisses patriotiques, un décret les supprima ; leur règne avait été éphémère ; c'était la débâcle financière qui commençait ; il fallut toute l'énergie de Cambon pour empêcher la chute totale du crédit de la France et encore devait-on attendre quelques années avant les premières tentatives de reconstitution de ce crédit.

Le nombre des titres fiduciaires alors répandus partout ayant être considérable, car une loi du 1er avril 1792 ayant ordonné aux Municipalités de se transporter dans les manufactures qui émettaient des bons patriotiques, pour vérifier la somme qui restait en circulation, grâce aux procès-verbaux dressés à cet effet par les officiers municipaux, nous pouvons constater que la seule maison Paignon, du Dijonval — demeurée en dehors de la Caisse et ayant son caissier et ses modèles spéciaux — en avait émis pour 31,851 livres au 22 juin 1792. La Société dont le caissier était le sieur Malfuzon avait, à la même date, délivré 444,521 livres en billets. Comme pour les assignats, à mesure de leur rentrée, ordre était donné à la Municipalité de les brûler; le 5 septembre, le procès-verbal constate la destruction de 15,991 livres de bons; le 18 novembre, 35,056 livres furent brûlés. Le reste dut revenir petit à petit à la caisse et subir le même sort. Reste-t-il beaucoup de ces billets patriotiques dans les collections privées? Les archives de la ville (1) en conservent les modèles que nous avons fait reproduire et joindre à cette étude.

---

(1) Arch. Sedan. Carton K 8. Série Z N° 13.

INSTALLATION DU NOUVEAU CONSEIL GÉNÉRAL DE LA COMMUNE

(16 décembre 1792) (1)

Par décret du 19 octobre, la Convention nationale avait décidé que les corps administratifs et judiciaires seraient renouvelés et qu'il n'y aurait dans toutes les élections que deux tours de scrutin. Les derniers jours de novembre avaient vu réélire les deux juges de paix, leurs assesseurs et les greffiers : au début du mois suivant, le Conseil général fut soumis de nouveau au suffrage des électeurs.

La situation politique était alors très grave à Sedan : la Municipalité sortante, présidée par Desrousseaux, avait contre elle l'affaire de l'arrestation des commissaires, qui, malgré le décret d'absolution du 1er septembre, servait de fondement aux attaques du parti avancé, très en progrès dans notre ville. Dirigés par Vassant, réunis en un club prenant son mot d'ordre au sein même des Jacobins de Paris, les « patriotes » comme ils s'appelaient, cherchèrent à empêcher, de toutes leurs forces, la rentrée au pouvoir de l'ancien conseil modéré. La lutte allait donc être vive entre les ci-devant royalistes, ralliés sans enthousiasme à la Constitution du 22 septembre, et les républicains qui voulaient marcher sans faiblir à la suite des conventionnels militants.

Desrousseaux, le maire, depuis quelques jours

(1) Documents extraits des archives communales de Sedan, série **K**, n° 25, c°n **K** 3.

sous le coup d'une accusation d'émigration, fut déclaré inéligible. Le dimanche 2 décembre, au refus de Debeyne, Noël-Laurent, l'orfèvre de la place de la Halle, officier municipal, avait été élu maire : il déclina l'honneur pour raison de santé et ce fut GAILLIOT, vicaire épiscopal, poussé par l'évêque Philbert, qui l'emporta par 278 voix contre 151 données à Joseph Béchet sur 432 votants. Le 6 décembre, 422 citoyens des assemblées primaires prirent part au deuxième tour de scrutin pour nommer les officiers municipaux dont voici les noms :

LEMOINE, professeur..............	142	voix.
OUDIN père, horloger............	137	—
ABSOUS fils, marchand...........	119	—
GOULET, vicaire épiscopal.........	93	—
DAVRANGES, vicaire épiscopal......	83	—
LAVIGNE.........................	79	—
VAROQUIER fils..................	79	—
Ch. CHARDRON, manufacturier.....	40	—
VILLEPOIX, ministre protestant.....	26	—
HARBULOT, miroitier..............	»»	—
SUCHETET, négociant.............	»»	—

On ne peut soutenir que ces élus représentaient la majorité des citoyens puisque le premier même n'avait rallié qu'un tiers des suffrages sur son nom. Pendant la fin de la semaine, il restait à nommer le procureur de la commune, dont le rôle politique était plus grand encore que celui du maire, son substitut et les 24 notables. VASSANT fut élu le vendredi 7 par 189 voix contre 92 données à Lenoir-Peyre, procureur sortant : ces voix se décomposaient ainsi dans chaque section :

Section des Sans-Culottes (Maqua), 117 voix contre 19.

Section de l'Egalité (Grand'Rue), 31 voix contre 26.

Section de la République (Château), 36 voix contre 10.

Section de la Liberté (Mesnil), 5 voix contre 37.

Il avait eu l'appoint de ses collègues de la Société populaire dont il s'était, dès les réunions préparatoires, fait nommer président : la section des Sans-Culottes, où il avait le plus grand pouvoir, et qu'il connaissait le mieux puisqu'il demeurait au collège, avait donné sans abstention pour lui, le tableau ci-dessus en fait foi. Son substitut fut GARET fils, élu par 148 voix contre 67 à Bourguin le jeune, homme de loi.

Quant aux 24 notables, dont la mission était relativement secondaire, le mardi 11 décembre vit arriver au pouvoir les citoyens BARON, BERTÈCHE-NEVEU, BILLY, BOUROTTE, CLAUDE-GIRARD, CHAUSSEL, COMBE l'aîné, DEGOFFE, DUBAR, Louis EDET, HENNUY, MARCEL, MARCQ, cordonnier, MESMER, NOËL-LAURENT, OLIN-GAMTY, PAILLA-GODET, PATEZ, PIPON, RAULIN-DARDARE, RAULIN-OUDOT, SAINT-PIERRE, TERNAUX l'aîné, VILLETTE.

*
* *

Puisque nous avons fait un peu de statistique sur ces élections si importantes pour caractériser l'état des esprits à cette époque, veut-on nous permettre de continuer en cherchant combien de membres de l'ancien conseil étaient restés en fonctions? Six seulement, à savoir : Saint-Pierre, Louis Edet, Noël-Laurent, Hennuy, Mesmer et Ternaux, et il est bon d'ajouter qu'ils démissionnèrent ou s'abstinrent de venir aux séances au bout de quelque temps, abstention qui devait amener plus tard contre eux les mesures répressives des représentants Hentz et Delaporte (arrêté du 2 juin 1793).

Ainsi, le parti Jacobin représenté par ses meneurs accrédités, Vassant, Lemoine, Varroquier fils, était maître de la place, n'ayant en face de lui que le parti de l'évêque, fortement appuyé sur Gailliot, Goulet et Davranges, vicaires épiscopaux. Les modérés, ceux qu'on allait traiter de « contre-révolutionnaires, fédéralistes, flagorneurs de La

Fayette, Dumouriez et Custine, » étaient vaincus et leur plus mince tentative pour relever la tête était qualifiée de « danger public » et « d'atteinte à la liberté. » Que ferait, pendant 1793, ce conseil bien divisé quoiqu'uni en apparence ? Serait-il capable de maintenir, contre la Terreur qui montait, l'ordre et la paix à Sedan ? Lequel l'emporterait de Vassant, jacobin, ou de Gailliot, vicaire, défenseurs de causes si différentes par les moyens et par le but ? Questions résolues par l'histoire de 1793 déjà connue et élucidée, qui — nous osons le dire — condamne les successeurs de Desrousseaux, mais qu'il sera un jour nécessaire de reprendre, pièces en main, pour instruire le procès des terroristes et des jacobins au petit pied.

***

L'installation du nouveau conseil général fut fixée au dimanche 16 décembre et coïncidait avec l'inauguration d'un arbre de la liberté, en remplacement de celui de la place d'Armes, mort des suites d'une « transplantation contre nature. » Le procès-verbal de cette cérémonie figure au registre des délibérations : nous le donnons en son entier, comme un type du style pompeux et fleuri de l'époque.

Cejourd'huy dimanche seize décembre mil sept cent quatre-vingt-douze, l'an premier de la République françoise, les deux heures de relevée, en conséquence de l'arrêté du corps municipal du premier du courant, le conseil général de la commune en exercice accompagné des membres de l'administration du district, des citoyens élus par le procès-verbal du deux du présent mois pour composer la nouvelle municipalité, des corps civils, des chefs civils et militaires, s'est solennellement transporté sur la place du Collège à l'endroit où aboutissent les rues Maqua et des Laboureurs (1), *et là au bruit des décharges multipliées d'artillerie et au son des instruments de musique militaire, il a été planté un jeune chêne, symbole de la force et de la liberté :*

Et à l'instant,

(1) Il faut lire la rue des Fours.

Le procureur de la commune a dit :

Citoyens,

L'inauguration répétée du symbole de la liberté dans nos murs doit être regardée moins comme une cérémonie, que comme l'expression nouvelle des sentiments patriotiques que chaque Sedanais nourrit en son cœur. En vain la calomnie a-t-elle cherché à jeter des soupçons sur le civisme des habitants de cette cité ; en vain a-t-on traité de faiblesse la douceur naturelle de leur caractère, et présenté une sage modération comme une criminelle apathie : le peuple sedanais a depuis longtemps fait ses preuves. Constamment ami de l'ordre, il a toujours montré ce respect pour la loi, contre lequel viennent échouer à la fois les efforts du despotisme et les fureurs de l'anarchie, comme il a toujours déployé à la guerre ce courage calme qui produit les succès et répare les revers. Les premiers instants de la Révolution l'ont vu s'enflammer du même zèle qui embrasoit toutes les parties de l'empire. Armé des premiers, veillant sans cesse autour du berceau de la liberté, inviolablement attaché à l'unité nationale, osera-t-on lui faire un crime de s'être défendu d'un faux enthousiasme, d'avoir sçu rompre ses fers et combattre la tyrannie sans altérer la tranquillité publique ? lui reprochera-t-on de ne pas vanter assez les sacrifices qu'il a faits à la cause commune et d'endurer patiemment les maux inséparables d'une révolution ? il faut le dire : ceux qui calomnient ce peuple n'ont pas encore atteint la hauteur de son caractère.

Pour nous, qui dans ces tems de crise, nous sommes vus revêtus du périlleux honneur de l'administration, nous l'avouerons avec plaisir : c'est peut-être moins à nos travaux, qu'à la constance, à la bravoure et à la générosité du peuple sedanois que sont dus les succès de notre gestion. Sans ces dispositions favorables, peut-être notre zèle, nos efforts fussent-ils restés impuissants en ces moments terribles où, menacés au dehors par des armées formidables, il falloit, au dedans, rassurer les esprits contre la crainte de trahisons trop souvent éprouvées, prévenir la famine et ses horreurs, et faire avorter les manœuvres des agitateurs, les plus dangereux ennemis de toute société. Nous sommes loin de nous flatter d'avoir rempli absolument la tâche pénible qui nous étoit imposée : malgré nos soins, quelques objets particuliers ont pu demeurer en arrière. Mais au milieu des orages d'une révolution dont la postérité refusera de croire les événements ; dans ces convulsions politiques, où toutes les idées se généralisent, où la crainte et l'espérance viennent cent fois les bouleverser, où l'intérêt public est tout, il est difficile de travailler efficacement à ce qui ne touche qu'une portion du peuple. Les représentants d'une commune peuvent bien encore demander, solliciter, presser ; mais ils ne se font pas toujours entendre. Les administrations supérieures sont occupées d'objets d'une importance plus générale ; des hommes, chargés du poids immense de la législation n'ont que peu de moments à donner à des affaires de détail : et on renvoye à des tems plus tranquilles ce qu'on n'accorde point à l'urgence ou à l'importunité.

Ah ! sans doute, citoyens, nous y touchons à ces tems plus

calmes ! Les jours de paix et de bonheur ne sont plus éloignés ! Nos armes partout victorieuses forceront dans peu des ennemis injustes, des tyrans sanguinaires à reconnaître la souveraineté de la nation française, et le droit inaliénable que tout peuple possède essentiellement d'organiser, de modifier, de changer son gouvernement. Les enseignes de la *liberté* flotteront sans contradiction sur nos têtes affranchies, tandis que l'auguste Convention posera les bases d'une constitution appuyée sur cette *égalité* précieuse qui, seule, peut garantir à l'homme ses droits et sa dignité. Puissions-nous, citoyens, nos successeurs, voir les premiers mois de votre gestion concourir avec le commencement de cette heureuse époque !... Nous remettons en vos mains une magistrature toute populaire : c'est un peuple bon et généreux qui vous en investit. Il a mis en vous sa confiance : vos talents, votre civisme connus, nous sont de garants sûrs qu'elle ne sera point trompée. Vous marcherez, dans la carrière administrative, d'un pas à la fois prudent et ferme ; la cité s'applaudira tous les jours de son choix ; et nous, nous jouirons du bonheur que goûtoit ce citoyen d'une République ancienne, lorsqu'il remerçioit les dieux de ce que sa patrie possédoit un grand nombre d'hommes plus dignes que lui de gouverner.

Citoyens, membres du conseil général de la commune :

Nous requérons que les citoyens : Gailliot, maire élu, Lemoine ; Oudin ; Absous fils ; Goulet ; Davranche ; Lavigne ; Varroquier fils ; Charles Chardron ; Villepoix ; Herbulot et Suchetet, élus officiers municipaux ; Vassant et Garet fils, élus procureur et substitut du procureur de la commune, soient admis à prêter le serment prescrit par la loi, et de suite installés dans l'exercice de leurs fonctions.

LE NOIR.

En conséquence duquel réquisitoire, les citoyens susdits ont à l'instant sur la place et au pied de l'arbre de la liberté prêté en présence d'une grande affluence de peuple le serment d'être fidèles à la République ; apres quoi rentrés, accompagnés comme dessus, en la maison commune les susdits officiers ont été installés, et de tout a été dressé le présent procès-verbal.

LES DÉBUTS DE LA SOCIÉTÉ POPULAIRE DES AMIS DE LA RÉPUBLIQUE

(Octobre 1792 — Janvier 1793)

Une Société dite des *Amis de la Constitution* avait existé en 1790 et 1791 à Sedan : elle séait au théâtre de Stévenot et n'a guère laissé de traces. Le club de cette époque n'était pas affilié aux Jacobins de Paris, comme on peut s'en convaincre en parcourant les procès-verbaux de cette société publiés par M. Aulard (1). Il était, d'ailleurs sans doute, plus modeste dans ses vues que son successeur dont les débuts sont peu connus (2) et méritent une place dans nos centenaires.

L'idée de constituer, sur le modèle des clubs parisiens, une Société à Sedan devait germer presque fatalement dans l'esprit des hommes, jacobins de tempérament, que révoltait la présence au pouvoir des anciens royalistes devenus avec le temps républicains très modérés : la pensée de

(1) *La Société des Jacobins* par M. F. AULARD, professeur d'histoire de la Révolution à la Sorbonne, 3 vol. publiés. Le dernier s'arrête à juin 1792 : le quatrième nous donnera probablement la date exacte de la réunion du club de Sedan aux Jacobins de Paris.

(2) Le Directoire avait ordonné de brûler les registres des sociétés populaires au chef-lieu de département : le 20 brumaire an V (10 novembre 1797), les administrateurs du Directoire de Sedan préviennent l'administration départementale que les registres de Sedan ont été envoyés à Mézières. Par quel miracle les trois registres dont nous tirons ces documents ont-ils échappé au brûlement ? Mystère : mais ils sont conservés aux archives départementales sous les cotes **L** 680-682.

concentrer en un faisceau les forces dispersées des mécontents et des ambitieux leur semblait s'imposer, au moment surtout où de nouvelles élections allaient avoir lieu et où l'avenir était aux exaltés. L'instigateur de la fondation fut à coup sûr un esprit perspicace et sans chercher bien loin il se désigne lui-même, ayant signé le premier l'adresse à la Municipalité, s'étant fait nommer président le premier, et prenant toujours la part la plus active aux réunions : c'était Vassant dont le rôle politique est pour nous mal éclairci dans les détails, en présence des contradictions formelles entre les attaques dirigées contre lui et sa défense, où éclatent à la fois l'exagération, la calomnie et la vantardise. La constitution de la Société était naturellement favorable à ses ambitions et il est évident que c'est par elle qu'il arriva, si jeune, aux honneurs.

On verra par les pièces que nous publions ci-dessous quels furent les signataires de la lettre aux officiers municipaux, lettre écrite pour demander une salle au Collège, qui d'ailleurs était en train de perdre le peu d'élèves qui lui restait : de ces signataires, la plupart, convaincus ou non, se firent une place au conseil général ou, plus tard, aux comités locaux. Le corps municipal refusa un emplacement, comme il fallait s'y attendre, et, dans l'espoir de voir bientôt changer les hommes au pouvoir, on patienta en demeurant jusque fin janvier au moins à la salle des spectacles.

***

Voici, extrait du registre des séances de la *Société des Amis de la République,* l'exposé officiel de sa naissance.

ÉGALITÉ, LIBERTÉ.

Depuis longtemps le patriotisme de cette ville étoit frappé de paralysie ; l'égoïsme, l'aristocratie, le royalisme avoient glacé tous les cœurs ; Sedan qui s'étoit signalé par son zèle pour le maintien du nouvel ordre de choses dès le commencement de la Révolution de 1789, étoit plongé dans l'apathie ; la présence du traître La Fayette, dans ses murs, les outrages fais aux représentans du Souverain, avoient mis le comble à son deshonneur. Le peuple qu'on avoit trompé, en gémissoit secrètement, tous les amis du bien en étoient pénétrés de douleur et les ennemis de la patrie en triomphoient. Sur ces entrefaites, dix-huit citoyens formèrent le dessein d'établir une société populaire, pour éclairer leurs frères, et rallumer dans leur âme le feu sacré du patriotisme. La société naissante avoit besoin d'un emplacement ; un des membres qui la composaient fut chargé de rédiger une adresse pour en demander un à la municipalité. Nous croyons devoir insérer dans ce registre, l'adresse et la réponse qui y a été faite :

« Aux citoyens officiers municipaux de la ville de Sedan.

« Sedan, le 31 octobre 1792, l'an 1er de la République françoise.

« Les citoyens de Sedan, soussignés, réunis pour l'amour du bien public,

« Considérant : 1° que l'ignorance est un des plus grands maux qui puissent affliger des hommes jaloux de maintenir la liberté qu'ils ont conquise, et que par conséquent il est utile et même nécessaire que le peuple soit éclairé ;

« Considérant en second lieu que le seul moyen non seulement d'éclairer le peuple mais encore de l'encourager et de maintenir l'énergie républicaine qu'il doit avoir, réside principalement dans un club de citoyens zélés ;

« Considérant en troisième lieu que dans tous les pays où l'on chérit la liberté, on a institué des clubs, que les clubs ont existé avant notre heureuse révolution ; qu'ils l'ont préparée et l'ont affirmée ; que les clubs ont été ensuite décriés par nos traîtres ennemis de l'intérieur et nos cruels ennemis du dehors ; et que cela seul prouve leur utilité pour nous ;

« Considérant en quatrième lieu que les clubs échauffent le patriotisme attiédi, et entretiennent le patriotisme ardent ; que dans toutes les villes de France où il y a eu des clubs, on n'a jamais vu triompher l'aristocratie, le loyalisme, le *Fayétisme ;* que dans le tems de l'existence du premier club de Sedan, on s'est apperçu des bons effets qu'il a produits quoiqu'il fût assez mal composé ; que depuis la chute de ce club, le patriotisme a toujours été en décadence ; que si ce club eût existé encore à l'époque où le traître La Fayette demeuroit parmi nous, il n'eût pas eu l'audace étant surveillé et dénoncé, de tramer ses noirs complots ; que peut-être même il ne se seroit point fixé à Sedan, et n'eût pas par ce moyen, compromis l'honneur d'une ville qui jusqu'alors avoit joui d'une réputation de patriotisme très intacte ;

« Considérant enfin que le seul moyen de réparer cet honneur, et de remonter le patriotisme du peuple Sedanois au degré de chaleur où il doit être aujourd'hui que le trône des tyrans est renversé et que nous sommes parfaitement libres, seroit d'établir un nouveau club ;

« Ont arrêté d'en former un sous le nom de *Société des*

Amis de la République, réunis pour l'instruction du peuple.

« Mais comme un emplacement convenable est nécessaire, ils vous demandent, citoyens officiers municipaux, de leur accorder la *salle d'exercices* du collège qui a déjà servi à pareil objet, où de leur indiquer un autre lieu assez vaste pour contenir les membres du club et un nombreux auditoire. Ils espèrent que par intérêt pour la prospérité de la République naissante, vous ne refuserez pas à leur demande.

« *Signé :* Vassant ; Jacquot ; C. Girard ; Dalché fils ; Lelièvre ; Rolin-Trésivani ; Harmand ; Dauvergne ; Malicet ; Vesseron fils, canonnier ; Oudin père ; Agon ; Absous fils ; Gérard le jeune ; Villette père ; Thierry l'ainé ; Charles Chardron ; Chevalier. »

La Municipalité de Sedan fit cette réponse :

« La salle du collège et tous autres emplacemens actuellement à la disposition de la Municipalité, étant occupés par les approvisionnemens de grains ou destinés à en recevoir, et les communes ne devant d'ailleurs, aux termes de la loi, aucun emplacement aux sociétés ou clubs, les dix-huit signataires de la présente requête sentent la nécessité de pourvoir eux-mêmes au local qui leur est nécessaire.

« Fait au conseil général permanent de la commune de Sedan, le 3 novembre 1792, l'an premier de la République française, *Signé* : Noël-Laurent ; Joseph Béchet ; Petitfils ; Fournier ; Raulin-Husson ; Legardeur le jeune ; Desrousseaux, maire ; Edouard Béchet ; Gigou Saint-Simon ; Verrier ; Mesmer le jeune ; Louis Edet le jeune ; Gibou ; Louis Poupart ; Saint-Pierre ; Fossoy. »

Les signataires de la pétition à la Municipalité de Sedan, d'après ce refus fait à leur pétition, et un second refus fait à des observations ultérieures du citoyen Jacquot, ne cessèrent point pour cela de vouloir rétablir leur société ; ils décidèrent qu'ils tiendroient provisoirement leurs séances dans la salle des spectacles de cette ville.

Ils se réunirent chez l'un de leurs frères et dans trois séances différentes ils formèrent leur règlement et organisèrent leur société.

Le citoyen Vassant fut élu président ; les citoyens Raulin-Trésivani (1) et Thiéry furent nommés secrétaires ; le citoyen Jacquot fut élu vice-président.

Le citoyen Villette a été élu trésorier ; les citoyens Oudin et Absous fils, membres du comité de comptabilité.

Les citoyens Lion et Jacquot ont été élus membres du comité de correspondance.

La première séance de la Société des Amis de la République a été fixée au samedi 1er décembre.

Signé : Vassant.

(1) Professeur des premiers principes au collège en remplacement de Lelièvre promu à la classe de sixième.

Nous avons pu suivre jusqu'au 26 janvier 1793 les procès-verbaux des séances : ces séances eurent lieu les samedi 1er, lundi 10, samedi 15, mercredi 19 décembre 1792 sous la présidence de Vassant, — les dimanches 23 et 30 décembre sous celle de Jacquot, — les mardi 1er, samedi 5, jeudi 10, samedi 12 janvier 1793 sous celle de Chazot, — les mercredi 16, samedi 19, lundi 21 et samedi 26 janvier sous celle de Nolzier.

On s'occupait dans ces séances de politique générale, de menus faits relatifs à l'armée : on déposait sur le bureau des chansons et des journaux patriotiques, ou bien on amenait à la barre des soldats et des enfants qui chantaient des airs populaires appris aux frontières ou au giron maternel : le président, élu pour quinze jours seulement, donnait l'accolade fraternelle au soldat et baisait le petit citoyen, et la parole était donnée à quelque membre désireux de lire un projet de réforme ou de signaler un besoin public. Il nous serait impossible de donner ici le compte-rendu d'une séance à raison du peu d'intérêt qu'offrent ses débuts : il en est un plus animé et plus vivant que nous espérons publier en entier dans une autre étude. Le premier et unique registre nous indique cependant que la société s'occupait d'œuvres utiles quoique non politiques : on y étudie le moyen de secourir les pauvres en donnant un bal à leur profit et on annonce dans une séance que « les citoyens comédiens » donneront une représentation au bénéfice des nécessiteux. Mais les comédiens, tout félicités qu'ils étaient pour leur pensée charitable, gênaient la société : en effet, on voulait tenir des séances les dimanches et fêtes à cinq heures du soir, pour permettre au peuple de s'éclairer au grand foyer de lumière, et justement c'était l'heure des spectacles, d'où conflit, résolu par cette décision qu'on nomme quatre commissaires pour chercher un local au Collège ou au Château : l'ancien conseil général n'était plus là pour déranger les plans et la combinaison rêvée devait aboutir à la délibération du 14 janvier qui accordait l'Eglise du Collège concurremment aux Protestants et à la Société populaire.

*
* *

Le Club n'était pas encore, à son début, constitué d'une façon trop rigoureuse : le *Comité de la Société* chargé des mêmes fonctions que le Comité révolutionnaire ne commença à fonctionner que le 23 germinal an II (12 avril 1794) (1). Les adhérents furent nombreux car l'entrée était facile, presque libre, et l'on n'était pas soumis au contrôle d'une commission « tenue d'examiner scrupuleusement la conduite de chaque individu depuis 1789 (vieux style) jusqu'à ce jour, » comme cela devait arriver plus tard quand la Société fut devenue la *Société populaire Jacobite et Montagnarde de Sedan* affiliée aux Jacobins de Paris.

Malgré l'empiétement que nous faisons sur les événements de 1793, nous ne pouvons résister au désir de publier : 1° la composition de la commission épuratoire ; 2° la liste des questions à poser aux membres (2).

1.

ÉGALITÉ, LIBERTÉ, RÉVOLUTION.

Noms des membres de la commission épuratoire, nommés le 26 frimaire, 2me année de la République française (16 décembre 1793), avec chacun leur numéro, savoir :

Les citoyens sont :

1. VARROQUIER, apothicaire, aide-major.
2. ROSTOLLAUD, adjudant général, chef de l'état-major.
3. L'ENFANT, commissaire des guerres.
4. VASSANT, professeur et président du comité révolutionnaire, maire de Sedan.
5. SOUCHARD, capitaine adjudant, bataillon de la Creuse.
6. LÉLUT, apothicaire, aide-major.
7. Nicolas AUBERTIN, sergent instructeur des canonniers.

(1) De ses décisions, il reste peu de chose dans le registre L 681 des Archives départementales.

(2) Registre du scrutin épuratoire de la Société. Archives départementales L 682.

8. VINMER père, membre du comité révolutionnaire.
9. VUILLESME, juge du tribunal militaire.
10. HERBULOT, officier municipal.
11. FIGUIÈRES père, officier de la garde nationale.
12. HALMA père, marchand (1).
13. MARQUE, notable.

Adjoints de la Commission :

VALTA, secrétaire au tribunal militaire.
DAMIEN, secrétaire au district.
PAYREBRUNE, apothicaire, aide-major à l'armée des Ardennes.
SIMON, chirurgien à l'hôpital militaire de Sedan.
FERRY, juge militaire.
VUILLAUME, payeur général de l'armée.

Tous les membres ont été épurés par la société en présence du peuple et en conséquence ont été nommés par la commission pour épurer la société, conformément à l'arrêté du 25 frimaire, 2e année de la République française une et indivisible (15 décembre 1793).

Signé : VINMER, secrétaire.

II.

Interrogatoire du scrutin épuratoire de la Société populaire Jacobite et Montagnarde de Sedan à faire à chaque membre qui la compose, savoir :

1. Son nom.
2. Son âge.
3. Son pays.
4. Ses parents et ce qu'ils font.
5. Ce qu'il était en 1789.
6. Sont-ils amis de la Révolution ?
7. S'il en est lui-même l'ami ?
8. Quelle place occupes-tu ?
9. Par qui as-tu été placé ?
10. Es-tu muni du certificat de civisme ?
11. As-tu constamment été l'ami du gouvernement révolutionnaire et du peuple ?
12. Ne crois-tu pas être reconnu l'ennemi de la Révolution ?
13. N'as-tu pas préféré le club de la Vendée au club Révolutionnaire ?
14. Depuis quel temps es-tu Jacobin ?
15. As-tu connu des Sociétés populaires dans ton pays ?
16. Aimaient-elles le peuple ?
17. En étais-tu membre ? Etaient-elles affiliées aux Jacobins
18. N'as-tu pas quelques parents dans l'armée des brigands ?
19. N'as-tu pas pris la défense de quelques généraux perfides reconnus tels par le peuple ?
20. As-tu des diplômes ?

(1) Père du Principal.

21. As-tu préféré les Jacobins aux Feuillants ?
22. Quelle était ta fortune en 1789 ?
23. Celle d'aujourd'hui ?
24. As-tu voté pour la mort du Tyran ?
25. Que dis-tu du gouvernement républicain ?
26. Crois-tu que le peuple sera plus heureux que dans un gouvernement soumis aux lois du Tyran ?
27. As-tu fait des sacrifices dans la Révolution ?
28. Es-tu soumis aux lois républicaines ?
29. Quel reproche crois-tu qu'on puisse te faire ?
30. Te crois-tu ou ne te crois-tu pas coupable ?
31. Es-tu noble ?
32. Es-tu prêtre ?
33. Es-tu banquier ou l'as-tu été ?
34. As-tu fait constamment ton service dans la garde nationale de Sedan ? Ne crains-tu pas quelque reproche à ce sujet (1) ?

Le présent interrogatoire arrêté par la Société populaire Jacobite et Montagnarde de Sedan, le 26 frimaire, 2me année de la République française une et indivisible.

Signé : VINMER, secrétaire général.

La publication de ces deux derniers documents nous a éloigné de notre sujet : quand la Société en était là, vers la fin de 1793, c'était une autre période qui avait commencé, très sombre et très agitée. Mais, par ces courtes pages, on a pu voir combien ses débuts avaient été modestes et peu révolutionnaires ; nous n'y trouvons aucune trace des intrigues politiques qui pourtant s'y fomentaient : si le feu avait épargné les registres de 1793 et 1794, combien de choses pénibles n'y eussions-nous pas découvertes qui auraient prouvé avec quelle folie et quelle ardeur criminelle fut compromise à Sedan l'œuvre sublime de la Révolution ?

---

(1) Les questions 13, 16 à 21, 29 et 30, sont barrées dans le registre, peut-être à la suite du passage de Ch. Delacroix.

RUES & MONUMENTS

PENDANT

LA RÉVOLUTION

I. DIVISIONS & POLICE DE LA VILLE

Le centenaire qui, par miracle ressuscitant, viendrait comme autrefois faire son tour de ville, aurait certes quelque peine à retrouver dans le Sedan d'aujourd'hui — sans murailles et sans portes, plein d'air et de lumière, avec ses quartiers neufs et ses avenues,—le vieux Sedan de son temps tout noir et très sombre, enceint de remparts et gardant, pour celui qui savait voir et se souvenir, comme un cachet historique, le parfum surnageant encore malgré les siècles, de l'austère cité protestante du XVIe siècle. Avant 1875, notre compatriote d'antan, revenu sur terre, n'eût guère trouvé de changé que les parties extérieures, la place Turenne, la Sorille, la Cassine, — mais le cœur de la ville, le quartier du Mesnil et de la Grand'Rue serait resté pour lui intact, conservant encore son caractère et son charme.

A travers ces rues étroites, nous allons, nous aussi à cent ans de distance, accomplir notre promenade: c'est une reconstitution que nous nous proposons d'esquisser, en basant notre récit sur des documents originaux et peu connus, en suivant l'exemple de M. Charles Pilard et de A. G. de Nades, le spirituel auteur de « Sedan et la Banlieue, » rarissime plaquette extraite en 1885 de *l'Echo des Ardennes.*

Mais, avant d'entreprendre cette excursion rétrospective, jetons un coup d'œil d'ensemble sur l'administration et la police d'il y a cent ans.

I.

De plan pour la Révolution, il n'en existe pas, on est réduit à prendre les plans, d'ailleurs fort exacts du XVIIIe siècle, ou mieux le plan non gravé de 1806, annexé au projet d'agrandissement d'alors et conservé aux archives (1).

Les rues étaient encore numérotées par maison et, comme nous ne possédons pas le tableau de concordance des numéros anciens et des nouveaux établis depuis le 15 octobre 1819, il est souvent assez difficile de fixer exactement la demeure des habitants ; c'était en 1765 que, d'après le P. Norbert, on avait, sur l'ordre du Roi, marqué les maisons des villes du Royaume : à cette date, le nombre des maisons, tant dans les murs que dans les faubourgs, montait à 712, non compris les édifices publics, communautés religieuses, etc., — nombre qui varia peu jusqu'aux extensions successives données à Sedan.

La ville avait été, par délibération du 25 avril 1792, divisée en quatre sections, dont la première, sous le nom de *section du Mesnil* comprenait les habitants de la Garenne, du Fond-de-Givonne, Moulin-à-Vent, chemin de Balan, Petit-Pont et ceux de l'intérieur de la ville depuis le n° 1 (porte de Balan) jusques et y compris le n° 145 ; la *section Maqua* renfermait les citoyens du n° 146 au n° 330 inclus ; les n°s 331 et suivants jusqu'au n° 500 formaient la *section de la Grand'Rue ;* enfin la quatrième, la *section du Château,* allait du n° 501 au n° 708 et dernier (porte de Floing).

Cette division en quatre quartiers, que le Corps municipal qualifie de « nouvelle, » remontait à 1761 ; en décembre 1792, à la demande unanime des sections qui imitaient sur ce point le mouvement parisien, les noms changèrent pour devenir plus républicains : *sections de la Liberté* (8 décem-

(1) Un décalque existe aussi à la bibliothèque dans les papiers de feu Me Blanchard.

bre), *des Sans-Culottes* (5 décembre), *de l'Egalité, de la République* (6 décembre) (1). C'est sous ces dénominations que les quartiers traversèrent la Révolution, convoqués aux nombreuses élections de l'époque, assemblés à sons de cloche et de tambour aux jours de danger, ayant sans doute chacun son drapeau. Il faut arriver à l'accalmie de l'an III (1795-96) pour voir réapparaître les vieux noms classiques (2).

La population ne fut pas recensée pendant notre période : elle devait atteindre une quinzaine de mille âmes, si l'on en croit les dictionnaires de géographie et le témoignage du P. Norbert qui, en 1777, donnait à Sedan près de 16,000 habitants ; voici quelques chiffres pour le XVIIIe siècle : en 1739, *8,285* personnes; en 1761, *9,203*; en 1774, *11,018* non compris la garnison.

La division en sections était fondamentale pour les élections, les convocations militaires et, en général, au point de vue administratif. Les justices de paix se partageaient la ville en deux zônes fixées différemment par une ligne, qui, partie de l'angle rentrant de l'ancienne place à la Volaille (place de la Halle contiguë à la place d'Armes), passait par le milieu de la Grande Place (place d'Armes), de la place du Collège et de la rue montant au Bastion de Bourbon (ancienne rue du Collège) : le juge de paix de la partie orientale avait pour justiciables les habitants des rues sises à l'orient de cette ligne et, en plus, ceux du Petit-Pont, du chemin de Balan, du Moulin-à-Vent, du Fond-de-Givonne, de la Garenne et « générale-

(1) Peut-être exista-t-il dans la suite une cinquième section, dite *du Fort* (ou du Rivage); aucune délibération ne l'a instituée, pas plus du reste que certains noms de rues d'appellation usuelle et non officielle.

(2) Délibération du 16 fructidor an III (2 sept. 1796) : « La section du faubourg du Mesnil comprendra le Fond-de-Givonne, le Petit-Pont, la banlieue et les n°s 1 à 114 ; la section Maqua, les n°s 115 à 326 ; la section de la Grand'Rue, les n°s 327 à 528; la section du Fort (remplaçant celle du Château), n°s 529 à 709. »

ment de tout ce qui était en dehors des murs ; » la partie occidentale et les faubourgs du Rivage et de la Cassine ressortissaient au second juge de paix. (Délib. du 14 janv. 1791). (1). Cette division était utilisée aussi pour la réception des actes de l'état civil : chaque officier municipal chargé de ce service avait dans son ressort l'une ou l'autre partie de la ville. (Délib. du 27 oct. 1792).

II.

La police qui, dans la Principauté, était réglée par des ordonnances souveraines, devint, à la Révolution, l'apanage du Corps municipal, qui, le 11 février 1791, arrêta un règlement d'ensemble, divisé en quatre titres : I. Décence publique ; II. Sûreté et tranquillité ; III. Propreté et salubrité ; IV. Commerce et subsistances. Nous en détachons les articles les plus intéressants, dont l'esprit, sinon la formule même, remontait sans solution de continuité aux ordonnances des La Marck : ce règlement a une grande importance, car il régit notre ville pendant la première partie du siècle, modifié en détail presque chaque année sans jamais être abrogé ; bien qu'il dût être imprimé et affiché, nous n'en connaissons d'exemplaire que l'original signé des archives communales. (C^on^ L. Série I. n° 65.)

DE PAR LA LOI ET LE ROI.

Proclamation du Corps Municipal de Sedan, portant règlement général de police pour cette ville.

Sur ce qui nous a été représenté par le Procureur de la Commune, qu'un des premiers devoirs imposés aux officiers municipaux par les décrets de l'Assemblée nationale,

(1) Fait curieux les deux juges habitaient tous deux la partie occidentale de la ville : Pierre Cunisse, ancien procureur du bailliage, élu le 11 janvier 1791, réélu le 25 novembre 1792, juge pour la partie orientale, place d'Armes, n° 27 ; J.-B. Ninnin, ancien lieutenant-particulier au bailliage, élu le même jour juge pour la partie occidentale, puis en novembre 1792 juge au tribunal de district, et maire non acceptant en décembre suivant, place du Rivage.

étoit de faire jouir leurs concitoyens des avantages d'une bonne police, sans laquelle il n'est point de véritable liberté; qu'une grande partie des règlements, tombés en désuétude, ou modifiés par les circonstances, demeuroit sans exécution; et que, pour cette raison, il étoit nécessaire de les promulguer de nouveau, afin que chaque citoyen pût connaître clairement ce que l'intérêt de la société exige de lui,

Désirant rétablir entièrement l'ordre dans cette partie de l'administration, à laquelle tient la tranquillité publique et la sûreté individuelle, nous avons arrêté ce qui suit :

TITRE I. — DÉCENCE PUBLIQUE.

ARTICLE 1er.

Nous défendons à toutes personnes de commettre aucune irrévérence dans les églises, et de se comporter indécemment dans les lieux publics.

2.

Nous défendons de travailler, même dans les champs, les dimanches et fêtes, à moins de nécessité urgente, et après en avoir obtenu notre permission.

3.

Nous défendons d'ouvrir boutiques, et d'étaler des marchandises, les mêmes jours.

Les revendeuses de menues denrées pourront néanmoins étaler hors les heures du service divin, et les boulangers, pâtissiers, charcutiers et bouchers, vendre, hors les mêmes heures, mais sans montre extérieure et à boutique demi-fermée.

4.

Nous défendons aux limonadiers vendant bierre et vin, aux cabaretiers, maîtres de jeux, de quelqu'espèce que ce soit, de donner à boire ou à jouer, les dimanches et fêtes, pendant les heures du service divin.

5.

Nous défendons à toutes personnes de jouer à aucun jeu, dans les rues, places et autres lieux publics, ou sur les remparts, les mêmes jours, durant les mêmes heures.

6.

Nous défendons à toutes personnes, soit de la ville, soit de la campagne, de charger ou de décharger dans la ville aucunes denrées ou marchandises, les dimanches et fêtes.

Les voitures de grains arrivant aux marchés de cette ville, et celles chargées de farines pour la consommation des habitants, sont exceptées du présent article, sauf les heures du service divin.

7.

Nous défendons aux limonadiers, cabaretiers, maîtres de jeux et de danses, de donner à boire ou à jouer, tenir assemblées de danses, ou garder personnes chez eux, après dix heures du soir, dans tous les tems de l'année.

8.

Nous défendons tous les jeux de hasard proscrits par les ordonnances du royaume.

9.

Nous défendons de faire aucun charivari à l'occasion de secondes noces ; comme de suivre et d'insulter par des cris ou autrement, les parrains et marraines, les vieillards et les personnes en démence.

10.

Les contraventions à aucun des articles ci-dessus seront punies d'une amende de 5 liv. pour chacune, même de plus forte et de prison, suivant l'exigence des cas.

Dans le titre IV, nous relevons encore deux articles importants pour la topographie de la ville : le premier concerne les endroits où il est permis de brûler les porcs, le second ceux où se tiendront les marchés :

TITRE IV. — ARTICLE 7.

« Nous défendons sous peine de 20 s. d'amende, de tuer et brûler aucun porc ailleurs qu'aux lieux ci-après désignés, savoir :

Dans la ville :

L'extrémité de la place du Port (1), à quelque distance du lavoir, près du canal.

La petite place près la fontaine, entre les rues Villiers d'en-haut et d'en-bas (2).

Celle entre la fontaine Dauphine et l'entrée de la rue Sainte-Barbe.

Celle au-devant de la grande boucherie, du côté du nord.

Celle de la Halle, près du Caveau, à l'exception des jours de foire ou de marché (3).

Le terrain joignant le mur du jardin du collège, au-dessus de la fontaine et des casernes de la maréchaussée.

L'extrémité haute de la rue Bercoffe ou de la Charrue.

Au faubourg du Mesnil :

Le terrain derrière le logement du concierge de la porte du Mesnil, à côté de la chaussée.

Au faubourg du Rivage :

La pointe de la place d'Harcourt, au-delà du puits public. »

(1) Aujourd'hui place de l'Isle.

(2) Aujourd'hui place du Barbeau.

(3) A la suite d'une pétition des citoyens du quartier de la Halle, avoisinant la rue des Voyards, expositive que « le grand quartier de la Halle s'étant plaint de l'incommodité résultant des feux de paille dont se servent les charcutiers pour brûler les soyes des pourceaux, il a été ordonné que ces opérations seraient faites plus près de la rue des Voyards, ce qui présente autant d'inconvénients, » le procureur ayant dit qu'il y a d'autres endroits que la place *de la Cavette*, le corps municipal arrête qu'il sera interdit d'y brûler les porcs (23 décembre 1791).

Les marchés se tenaient de temps immémorial, les mercredi et samedi pour le marché à la viande, le vendredi pour le marché au poisson ; le règlement fixe dans son article 8 du titre IV les lieux où seront installés les divers marchés :

« Nous assignons provisoirement et jusqu'à ce qu'il en soit autrement ordonné, pour la tenue des marchés de cette ville, les places suivantes :

Pour le marché au pain, fruits et légumes, la place d'Armes jusqu'au coin de la rue Maqua.

Pour le marché au beurre, œufs, volailles, gibier et poisson, la place du Collège.

Pour le marché aux porcs, la place de la Boucherie, au haut de la rue des Fours.

Pour le marché au bois et charbon, la place du Château. »

Dans les attributions de police accordées au corps municipal, rentraient aussi les arrêtés relatifs à la police des masques et à l'observation du Carême, deux ordres d'idées qui se rattachent par un lien de temps sinon de raison. Peu de jours après la promulgation du règlement général, un arrêté complémentaire fut pris contre les masques, arrêté renouvelé le 6 février 1792 par Desrousseaux, successeur de Baudin. Voici cet arrêté du 26 février 1791 :

DE PAR LA NATION, LA LOI ET LE ROI.

Sur ce qui nous a été remontré par le procureur de la commune, que les travestissemens et singulièrement l'usage des masques avoient été sagement interdits par la municipalité de Paris, et que les mêmes raisons qui les ont fait proscrire dans la capitale, exigeoient qu'on prît des précautions contre un abus qui dans un tems de Révolution peut troubler la tranquillité publique.

Nous, maire et officiers municipaux, faisons deffenses à toutes personnes de sortir en masque dans les rues et places de cette ville, et de donner aucun bal masqué, enjoignons aux commissaires de police de tenir la main à l'exécution de la présente proclamation qui sera publiée, imprimée et affichée, partout où besoin sera.

Fait à l'hôtel de ville le 25 février 1791.

Signé : BAUDIN, maire ; Louis EDET le jeune ; PARFONDEVAUX ; GIBOU-VERMONT ; LEGARDEUR le jeune ; Joseph BÉCHET ; Edouard BÉCHET ; SAINT-PIERRE ; RAULIN-HUSSON ; LE MARIÉ ; LENOIR-PEYRE.

La présente ordonnance a été lue et publiée dans toutes les places et carrefours de cette ville au son de la caisse le 26 février 1791. Par Charles ADNIAUX.

Il était interdit aux bouchers par les ordonnances du Royaume de vendre de la viande pendant le Carême : les particuliers qui avaient obtenu de l'autorité ecclésiastique la dispense nécessaire, ne pouvaient s'en procurer qu'auprès de l'adjudicataire de débit nommé par l'hôpital auquel était réservé ce profit, et il est à présumer que les dispenses étaient nombreuses puisque le privilège est estimé dans les bénéfices casuels de l'hospice, année moyenne, 2,500 livres, c'est-à-dire, en tenant compte du taux de l'argent, près de 3,500 francs. Inutile d'ajouter que le privilège fut supprimé de bonne heure et que l'arrêté ci-dessous ne fut pas longtemps respecté à Sedan :

DE PAR LA NATION, LA LOI ET LE ROI.

Il est deffendu à tous bouchers et à toutes personnes autres que l'adjudicataire de débit attribué à l'hôpital, de tuer aucun bœuf, veau, mouton, vache ou brebis, et de vendre ni faire vendre aucune viande de boucherie pendant tout le tems du Carrême, sous les peines portées par les règlemens.

Il est pareillement deffendu sous les mêmes peines d'introduire aucunes viandes du dehors et enjoint aux receveurs des portes d'y veiller et d'en arrêter l'introduction.

Fait à l'hôtel de ville le 11 mars 1791.

Signé : BAUDIN, maire.

Je certifie avoir lu, publié l'ordonnance ci-dessus en la manière accoutumée. A Sedan le 11 mars 1791.

Signé : LAGOSSE.

III.

La police, non seulement surveillait les rues et les marchés, elle pénétrait encore dans les établissements publics, à la halle, au théâtre, aux clubs, et ce serait maintenant le lieu de publier quelques documents à ce sujet si nous ne les réservions pour un autre chapitre. Mais un point important sur lequel devait porter l'attention des quatre sergents de ville, le bon Soulasolle en tête, c'était l'*éclairage*.

On était loin, sans doute, de l'époque où quatre reverbères étaient chargés du soin de guider dans les rues les bourgeois attardés : de 1575 à 1792 le nombre des lanternes avait quadruplé ! et nous trouvons une décision du 17 août 1792 qui constate la présence à Sedan de « 16 lanternes comprenant 50 becs pour éclairer toute la nuit en suivant l'ordre proportionnel des crépuscules et des lunaisons. » Gélu, préposé à la haute fonction d'allumeur de reverbères, touchait 7 deniers (7/20mes de sol, environ 2 centimes) par heure et par bec. La Révolution se passa sans augmentation de clarté, et dans les nuits sombres où s'accomplissait quelque acte de violence ou de haine, quelque arrestation comme celle des membres de la Municipalité en mai 1794, c'était bien dans les ténèbres que commençait l'exode pour finir dans la nuit éternelle.

Quand on eût repris ses esprits, dès frimaire an III (fin novembre 1795), une commission *ad hoc* fut nommée pour développer le nombre des reverbères, composée des citoyens Gérard-Brasseur, Mozet, Baudesson, Hablot et Charton, conseillers, à eux adjoint le citoyen Gélu « entrepreneur de l'illumination du nouveau mode économique des reverbères. » Elle commença d'abord par restreindre l'illumination selon les lunaisons, suivant la proportion suivante :

« Sçavoir pour les six mois vendémiaire, brumaire, frimaire, nivôse, pluviôse et ventôse, l'extinction des lumières ne pourra cesser qu'à 11 heures précises du soir. En vendémiaire, on allumera 21 jours à raison de 4 heures 3/4 par jour de lumière ; en brumaire et frimaire, 22 jours à raison de 6 heures ; en nivôse, 21 jours à raison de 6 heures ; en pluviôse, 21 jours à raison de 5 heures 1/2 ; ventôse, 22 jours à raison de 4 heures 3/4 ; » c'est-à-dire que, les jours où l'on allumait, ceux où la lune restait cachée, Gélu commençait sa tournée à 6 heures 1/4 ou 5 heures ou 5 heures 1/2 ou 6 heures 1/4 suivant les mois. Pendant la belle saison de germinal à fructidor, on n'éclairait pas : tant pis si « Diane à l'arc argenté » refusait de paraître.

Le rapport de la même commission constate que Gélu touchera 7 deniers par heure et par bec (son traitement n'avait donc pas changé), et il établit le détail fort curieux de l'emplacement des 70 reverbères ; cette liste semblera peut-être fastidieuse à beaucoup : elle est cependant un de ces documents rares qui nous ont été les plus utiles pour rétablir sur des données certaines la topographie du vieux Sedan.

Emplacement des lanternes :

Faubourg du Mesnil, près la porte	2	becs.
A l'Abreuvoir	4	»
Chez Mesmer	2	»
Porte du Mesnil, sur le pont	2	»
Rue du Mesnil, carrefour	3	»
Rue de la Charrue	3	»
Rue du Mesnil, coin de la veuve Delo	3	»
Rue de la Tête-de-Bœuf	2	»
Rue des Voyards, petit perron	3	»
Rue des Voyards	2	»
Rue du Soleil-Levant	3	»
Rue du Mesnil, près la Mission	2	»
Corps de la garde de la halle	2	»
Rue de la Halle, tenant à Quinard	3	»
Rue de la Halle, près Tartara	4	»
Au Peron ou maison Jamin	3	»
Au Petit-Quartier	3	»
Le carrefour Maka	4	»
Place aux Volailles, coin Mavia	4	»
Sur la place, maison d'Husson	3	»
Rue des Chevilles	2	»
Petite Place, maison Verguin	3	»
Rue du Château, vis-à-vis Lefebure	2	»
Place du Château, à l'Ouvroir	3	»
Coin de la rue Saint-Michel, maison Lorillière	4	»
A la maison Legardeur	3	»
Coin d'Albert Brasseur	2	»
Maison Barthelemy frères	3	»
Rue de la Prison, vis-à-vis la rue Bekri	3	»
Coin de la Prison	4	»
Coin de Pirron	4	»
Rue de l'Horloge, vis-à-vis Simonet	2	»
Grand'Place, maison veuve Delattre	3	»
Place coin de l'Eglise	4	»
Rue de l'Eglise, près Bestel	4	»
Rue Saint-Michel, coin Deliars	4	»
Rue des Religieuses	2	»
Rue du Rivage, face de la commune	3	»
Place du Rivage, près Nosteau	4	»

Grande Rue, vis-à-vis Sardou	2	becs.
Coin Baudin	4	»
Maison Labauche	3	»
Coin Grosselin	3	»
Place du Collège, maison Grand-Cerf	3	»
Au district	3	»
Rue du Four, maison Raulin-Husson	3	»
Rue des Laboureurs, Jeu de Paume	2	»
Rue Saint-Michel, vis-à-vis Osmont	3	»
Rue de la Liberté, maison de Lenoir	4	»
Rue de la Liberté, coin de Rognon	2	»
Sur le Port, maison Profinet	3	»
Au Moulin	3	»
Porte du Rivage	4	»
Sur le pont	2	»
Foulerie Poupart	3	»
Foulerie Legardeur	3	»
Porte de Torcy, vis-à-vis à Renaud	2	»
Place d'Arbres du Rivage	3	»
Maison Canel	3	»
Rue des Caquettes	3	»
Carrefour du Rivage, vis-à-vis Lallemand	3	»
Rue des Tanneurs	2	»
Entrée du faubourg du Rivage	2	»
Vis-à-vis l'ancien hôpital	2	»
Pont-Rouge	2	»
A l'hôpital	2	»
Au Dijonval	2	»
Une autre aussi au Dijonval	2	»
Une au bout de la Cassine	2	»
Au Petit-Pont, près le quartier	3	»

On voit par ce tableau que le luminaire avait fait des progrès entre 1793 et 1795, puisque la ville comptait 70 reverbères contenant 196 becs, au lieu de 16 lanternes et de 50 becs : ce n'était pas encore le gaz ni l'électricité, mais cela valait bien les quatre quinquets de 1575 et il faut espérer que la quantité suppléait la qualité de l'éclairage !

C'était le bon temps des gens emmitoufflés, rentrant chez elles le soir porteurs de gros falots, que la garde faisait sursauter, avec de petits cris, en demandant : *Qui vive ?* le bon temps de nos grands-pères, des coquetteries du Directoire, le calme après la tempête, le prélude à l'avènement du futur Empereur.

II. A TRAVERS LES RUES.

Nous partirons de la porte de Balan pour gagner celle de Floing, nous arrêtant à chaque maison intéressante pour notre époque, et faisant devant les rares monuments de notre ville une station plus prolongée : quelques-uns même, comme l'église et le théâtre nous retiendront assez longtemps, mais, en revanche, devant bien des maisons nous passerons sans nous arrêter.

I. Faubourg du Mesnil.

Peu de chose dans le faubourg : aucun monument sinon la *Caserne* occupée plus que jamais par les troupes du camp retranché, et la *Maison des Quatre-Sapins*, abandonnée par les frères des écoles chrétiennes en 1791, reprise en partie par trois instituteurs laïcs ; mais, en 1792, les maitres déménagèrent aussi, les classes étant suspendues dans l'attente d'une réforme de l'enseignement promise par l'Assemblée nationale, discutée par la Convention et réalisée par Napoléon. Le 21 juin, la maison fut louée à Philippe Gippon, charpentier et fabricant de draps, ainsi que le jardin y attenant : le Conseil général voulant y réintégrer les instituteurs à la fin de l'an IV (septembre 1796), le fit déguerpir sans rémission, « car cet homme refusait de donner les clefs et s'était même permis d'abattre et déraciner un noyer planté dans le jardin, qui en faisait l'agrément et était en plein rapport. »

Au pied du fort de Nassau existait déjà l'abreuvoir aujourd'hui comblé, entouré, en guise de bornes, des canons pris sur les Lorrains à la bataille de Douzy (1588), et dont on projetait la réfection en 1791.

Près de la porte de l'avancée de Bouillon, le magasin de laines actuel était occupé par des écuries et des dépôts de pailles et de harnais. Au-dessus, hors la ville, à *Mon-Repos* (propriété Rousseau de Givonne), avait habité La Fayette ; Latour-Maubourg avait son logement au *Moulin-à-Vent,* dans la maison de campagne de *Belle-Vue.*

II. Quartier du Mesnil.

Ici, nous trouvons plus de ressources ; on sent qu'on est au cœur d'un quartier riche en souvenirs très lointains, habité par de nombreuses personnes connues : *Edet le jeune,* charpentier, membre guillotiné de la municipalité de 1792, rue du Mesnil, n° 39 ; *Lamotte-Germain,* apothicaire à la « Truie qui file, » échappé au couteau par la mort (n° 40) ; l'*évêque Philbert* et ses quatorze vicaires à l'ancienne Mission (n° 43) ; *Adam,* aubergiste de « la Pommelette » (n° 13), etc...

Une autre hostellerie dont l'histoire était ignorée jusqu'à l'an dernier est l'*auberge des Trois Roys* (n° 22) qui devint, vers 1792, l'*auberge des Trois Maures.*

On pénétrait dans la rue du Mesnil par la vieille porte, à un seul passage, précédée d'un pont-levis et remplacée en 1846 par la nouvelle, démolie récemment. La porte était couronnée d'une petite maison, ordinairement occupée par un officier du génie, en dernier lieu par l'aide-major de la place, Gigou de Saint-Simon, fils du dernier lieutenant de roi : c'est là que s'installa Dumouriez le 28 août 1792, là que se tint le conseil de guerre du 29, où ne fut jamais prononcée la phrase légendaire : « L'Argonne, voilà les Thermopyles de la France, » puisqu'on était d'accord pour marcher sur la Belgique (1).

(1) A. Chuquet. *Valmy,* p. 33.

Les *Petits-Chiens* portant la date de 1747 étaient habités, d'après G. de Nadès, par un fabricant, détenu au Mont-Dieu pendant la Révolution : peut-être est-ce Etienne Poupardin, dont les héritiers étaient les propriétaires en 1806? Son nom ne figure pas sur les listes les plus complètes des détenus de la Chartreuse. — En face, la manufacture des Rousseau de Givonne, les *Gros-Chiens*, donnait à la fois sur le Rempart, sur la *rue de la Vierge* ou des *Gros-Chiens* (aujourd'hui rue Berchet) et sur la place d'Armes devant la Porte, que barrait un gros ruisseau comme il n'y en a plus dans les rues. Le buste de Louis XV en marbre blanc qui surplombait le fronton de la porte principale avait dû depuis longtemps disparaître, mais la plaque dédicatoire de la rue Berchet a traversé la crise sans un accroc.

Par la *rue Bercoffe* ou *de la Charrue* (aujourd'hui rue de Bayle), on arrivait aux maisons sises au bas de la poudrière, achetées en 1826 par l'Etat pour être démolies, et où habitait la famille Jussy dite La Chapelle, dont parle souvent M. Ch. Pilard. Près de là était l'entrée du *Promenoir des Prêtres*, fermée par une porte qui ne s'ouvrit au public qu'après le décret du 10 juillet 1790, autorisant l'accès des fortifications. Dans la rue Bercoffe, peu de gens connues, sauf Nicolas Gilmaire-Boire, le brasseur (n° 3), souvent inquiété par les Jacobins, destitué de ses fonctions municipales et militaires, conduit au Mont-Dieu, puis finalement absous, par arrêté du représentant Roux.

La rue de La Tour d'Auvergne s'appelait alors *rue de la Tête de Bœuf*, à cause d'une auberge portant cette enseigne, comme c'est d'ordinaire l'origine des noms de rue. Là habitait au n° 12 Edet le père, menuisier, entrepreneur de bâtiments, guillotiné avec son frère le 15 prairial an II (3 juin 1794). La rue aboutissait au bastion de Turenne, dont elle prit plus tard le nom, et où se trouvaient un manège et un magasin à poudre.

Rien à dire sur les rues *du Cul-de-Sac percé* (aujourd'hui rue Jean-Petit) et *du Soleil Levant* (aujourd'hui de Turenne) : les hôtelleries de ce coin sont connues depuis longtemps et la Révolution n'y a laissé aucun souvenir marquant. Dans la rue du Mesnil que nous rejoignons, nous rencontrons enfin un monument, *la Mission.*

La Mission.

Depuis la mise à exécution de la délibération du 27 septembre 1792, contrairement à ce qu'ont cru les rares chroniqueurs de cette époque, Philbert et ses vicaires n'habitaient plus ce bâtiment acheté par les Lazaristes, ordre d'où sortaient les curés de Sedan. Elu le 24 novembre 1790 par 190 voix sur 346 suffrages, l'évêque demanda longtemps au corps municipal un local plus convenable que la Mission, d'autant que son personnel avait doublé en deux ans (1). Le 17 octobre, il obtint gain de cause et bail était passé, en conséquence de la décision du 27 septembre, avec les administrateurs du district pour transporter l'évêché à l'ancien logement du lieutenant de roi (rue du Rivage) (2). La Mission servit alors au logement des troupes en passage, en attendant que Philbert y revienne vers novembre 1796, l'année d'avant sa mort.

Cette grande maison avait été inventoriée par Thilloy et Fourrier, officiers municipaux, qui,

(1) Au 23 janvier 1791, les vicaires étaient : Joseph Collot, Antoine Chiodi, Claude Toussaint, Gabriel Plaisance, Nicolas Gendarme, André Pimprezel, Antoine Boyer, Antoine Milot. Au 19 septembre 1792, voici leurs noms : J. Collot, A. Chiodi, Cl. Toussaint, G. Plaisance, J. Gallois, P. Sauvage, J.-B. Davranges, N.-P. Perrin, P. Goulet, Ch. Marchal, Hyac. Godet, N. Gailliot, J.-Cl. Faisant, N. Herbulot, J.-N. Mallecotte.

(2) La preuve de ce déplacement jusqu'ici inconnu se trouve dans la délibération du 27 octobre 1792 relative à l'affichage des actes de l'état civil : « pour la section du Château, à la porte extérieure du mur de clôture de la maison occupée par le citoyen évêque. » Voir d'ailleurs *infrà* rue du Rivage.

outre des objets de minime importance, trouvèrent le 27 juillet 1790 :

« 1° Pour le service intérieur de la *chapelle du séminaire* (1), un calice avec sa patène, deux autres, quatre chasubles, quatre chandeliers, des burettes de verre, un plat d'étain, etc...;

« 2° *Dans la tour*; une horloge avec ses timbres ;

« 3° Un couvert d'argent pour chacun de MM. les prêtres de la Mission et les trois frères, quatre autres pour le besoin et trois cuillers à ragoût ;

« 4° *La bibliothèque* qui ne renferme ni raretés, ni manuscrits, est composée de nombre d'exemplaires de l'Ecriture sainte, des saints pères, de commentaires, d'histoires sermonaires dont MM. les prêtres ont partie dans leurs chambres pour leur usage ;

« 5° Enfin *dans la cave*, il y a dix pièces de vin et quatre de bière que le sieur curé nous a déclaré qu'il en appartient deux à lui personnellement, qu'il a achetées de ses propres deniers, en considération du peu de faculté de la maison et un nombre aussi de bouteilles qu'il a payées. »

Le 18 janvier 1793, Herbulot et Pailla-Godet, officiers municipaux, dressent le récolement de ces objets, et après une estimation de Malizy et de la femme Monière, revendeurs, qui constate l'état défectueux de la presque totalité des effets, J.-B. Tanton, huissier, fait le 23 mai adjudication des meubles pour 1,387l 4s.

Comme propriétés immobilières, les prêtres de la Mission possédaient : « le presbytère acquis par leurs auteurs des sommes dont ils furent gratifiés par le roi et M. Le Tellier, archevêque de Reims, — plus un séminaire, — un jardin y annexé qui est plutôt une promenade qui n'a pas généralement plus de 15 à 18 pieds de largeur (promenoir ou jardin des prêtres), — une maison à Balan pour leur récréation et celle des séminaristes (il y a là un billard), — 5 fauchées 1/2 de prés à Sedan et Balan, — une ferme au Chêne-les-Malades, une autre à Vrigne-Meuse, une maison contiguë à la leur qu'ils se proposent de convertir en séminaire ; — comme revenus, la communauté jouissait de partie des dixmes d'Angecourt, 1/8 des dixmes

(1) Le séminaire devint le 27 septembre 1792 le *séminaire des Ardennes* : il fut créé aux Capucins et ne compta, paraît-il, amais que deux élèves.

de Sedan et Balan sans compter les rentes sur les particuliers. » (1).

III. Quartier de la Halle.

La place de la Halle actuelle était, pendant la Révolution, divisée en trois parties : *la rue de la Halle,* vers la rue des Voyards, la place proprement dite, et la *place aux Volailles* (aujourd'hui partie de la place contiguë à la place d'Armes).

Sur la rue de la Halle dite aussi *place de la Cavette* (à cause du Caveau, rendez-vous joyeux et bruyant des chansonniers buveurs de l'époque), se trouvait la maison Jamin, appelée aussi *le Péron,* sans doute une grosse auberge antérieure à l'Eau Claire et qui n'a rien de commun avec le célèbre monument communal de Liège. En face était l'ancienne entrée principale du cimetière Saint-Laurent, fermée alors et reportée place de la Halle.

Cimetière et église Saint-Laurent.

L'entrée était alors une porte cochère ouverte dans l'une des maisons qui s'étaient élevées autour du cimetière, remplaçant chaque année les boutiques adossées au mur du terrain. Il paraît que, malgré l'abandon de l'église dont le chœur seul subsistait, les riches Sedanais continuaient à se faire enterrer là, ce qui engendrait pour les voisins des ennuis d'un goût douteux.

L'un des premiers actes de l'administration de cette époque fut l'interdiction d'enterrer les morts en pleine ville ; mais les voisins exigeaient plus, ils voulaient acheter le terrain et agrandir ainsi leurs maisons fort exiguës et sans cour : cette

(1) Ces inventaires n'existant pas aux archives de Sedan, nous avons eu recours aux copies adressées au directoire du département. (*Archives départementales des Ardennes*. **Q. 537**).

vente fut remise d'année en année et n'eut lieu enfin qu'au début de l'année 1800, par suite de difficultés entre la ville et l'Etat relativement à la propriété de terrain. Entre temps, on avait installé là deux hangars en bois pour la préparation du salpêtre (l'un était confié à Lamotte-Germain), une fabrique de caissons devenue plus tard fabrique de poêles à frire. Le terrain de la contenance de 1,880 mètres carrrés fut adjugé en 13 lots, après expertise de Trailin-Thilloy et de J.-B. Leclair en date du 14 ventôse an VII (4 mars 1800).

Du cimetière, s'il restait peu de chose, le chœur de l'église était mieux conservé : le portail en était loué pour une boutique, moyennant 36 livres par an : le passage de Saint-Laurent (sans doute une servitude accordée aux voisins), rapportait à la Fabrique 24 livres. Le chœur, démoli dès 1800, sinon avant, renfermait encore en 1793 bien des objets de valeur : que sont devenus ces souvenirs rendus si précieux par l'histoire de ceux auxquels ils ont appartenu ? Le caveau des La Marck demeure encore sous la cour d'un particulier, sans ornements et fort modeste : où sont les cercueils de plomb de nos valeureux maîtres ?

Voici le dernier document découvert par nous au sujet de l'église primitive de Sedan :

« Cejourd'hui 24e jour de may 1793... nous, Antoine Maret, président du district de Sedan et commissaire délégué par l'administration à l'effet de procéder à l'inventaire des effets qui se trouvent dans l'ancienne église de Saint-Laurent, appartenant à la nation, avons, en présence du citoyen Augustin La Vigne, officier municipal, commissaire délégué à cet effet, procédé ainsi qu'il suit :

« Entrés dans ladite église, nous avons trouvé plusieurs bancs de bois, le premier à côté de la porte de 20 pieds de long, celui qui se trouve vis-à-vis, de même longueur, en 5 gradins ; trois autres de 3 gradins, de 15 pieds de longueur ; deux autres composant 6 gradins de 9 pieds de longueur ; tous ayant chacun leurs marchepieds ; un grand fauteuil de bois très élevé avec son marchepied à 3 escaliers, une tribune de bois ; une vieille armoire, sa serrure et clef ; un catafalque peint sur bois ; une cloison en mauvaise boissure à un côté du mausolée de Robert de La Marck, avec un treillage au-devant dudit La Marck, y ayant deux portes de même en mauvaise boissure sans serrure ; un vieil autel en bois peint avec son tabernacle et 3 saints, 2 en bois et un en pierre, cet autel étant maintenu par des bancs de fer ; à chaque côté dudit autel, il y a deux portes avec leurs ferrements, 19 grandes croix de fer avec des inscriptions en cuivre et 2 sans inscriptions, en tout 21 croix. Dans le caveau de ladite église, il s'est trouvé 5 bancs de fer de 9 à 10 pieds de longueur, sur 2 à 3 pouces d'épaisseur et plusieurs cercueils en plomb. Ledit inventaire fait et arrêté en présence du citoyen Pierre Oudot que nous avons nommé provisoirement gardien, à qui nous avons remis les clefs de Saint-Laurent, et a signé avec nous... »

P. OUDOT, LAVIGNE, MARET.

L'adjudication fut faite le 1er juin par Tanton et rapporta 1,359 livres 15s : on avait vendu 550 livres de plomb provenant des cercueils ; le christ et les saints de bois qui devaient dater de la fondation de l'église, avaient été livrés pour 6 livres 5s ! (1).

Au milieu de la place, se dressait la vieille halle du XVIe siècle, avec ses poteaux de bois peints en rouge, où l'on accrochait dans un tableau les nouvelles politiques du jour, le brûlement du papier-monnaie, etc...., où l'on exposait les condamnés au carcan à qui les passants apitoyés jetaient quelques sous. La ville louait à un perruquier pour 50 livres par an une petite baraque sous la halle. Le corps de garde était alors dans les maisons autour du cimetière, du côté de chez Maret (no 15), orfèvre, jacobin exalté et dénonciateur, expert de la commune pour les richesses des églises et des couvents qui devait périr assassiné par les fanatiques de la réaction, le 6 prairial an III (25 mai 1795).

Là aussi était la boucherie d'Halma-Poncelet (le père du principal), dont la femme se trouva mêlée à des scènes de désordre qu'elle nous a conservées par son témoignage.

A gauche de la place, vers la rue Maqua, demeuraient Jayet, l'apothicaire, et ses voisins Thilloy, négociant, et Noël-Laurent, confiseur, tous deux inquiétés à maintes reprises comme

(1) *Archives départementales des Ardennes.* Q. 504.

modérés et le dernier exécuté en 1794, en même temps que Dalchez, l'orfèvre, qui habitait à droite (n° 37) sur le même rang que Durège, ancien chirurgien-major au 20me chasseurs, complice de Vassant, condamné après le 9 thermidor et soustrait par miracle à la guillotine.

Le fond de la place, où est la fontaine, dite alors petite fontaine à cause de la grande, élevée place d'Armes, s'appelait *place aux Volailles :* ce nom lui est resté jusqu'après 1809 où nous voyons tenir le marché à la volaille dans le coin et en face de la grosse maison Roudevillè (place d'Armes, n° 9). C'est sur cette place aux Volailles que devait aboutir la percée du promenoir des Prêtres à laquelle on songeait déjà en 1792, ce qui prouve que l'idée n'est pas nouvelle. « Le promenoir des Prêtres, dit Lenoir-Peyre le 11 juin, ou contrescarpe des fossés du château n'a pu encore être rendu public à cause de la nécessité d'y faire quelque défense sur le bord du fossé et de couvrir les conduites des fontaines qui y courent à fleur de terre, et à cause de l'inconvénient de la contenance du terrain fort long et étroit et sans autre débouché facile que sur les deux extrémités... Il faudrait donc acquérir un lieu propre à pratiquer passage : la maison située dans l'angle rentrant de l'ancien marché à la volaille renferme les avantages qu'on peut désirer. Faisant front sur la place, cette maison aboutit de l'autre côté à la promenade ; sa démolition ouvrirait la communication cherchée, d'autant plus précieuse qu'elle se trouverait établie au centre de la ville. Le peu de bâtiments que renferme cette maison et son état de vétusté extrême en rendront l'achat fort peu onéreux pour la commune. »

La *rue des Voyards* — nommée *rue de La Boulette,* dans la partie aujourd'hui appelée rue Crussy, ne renfermait guère que deux maisons dignes de remarques : la *Maison du grand Saint-Jacques* (n°s 14 et 16) sur laquelle la Fabrique de l'église avait plusieurs rentes constituées, et le *Petit Quartier* (école Dhaleine), destiné partie aux soldats convalescents et partie à la tenue de 3 classes publiques : c'était là aussi que se tenait le bureau électoral de la section Maqua ou des Sans-Culottes ; en face existait une fontaine dont on décidait le changement en ventôse an II.

Rien à dire sur la *rue des Chevilles* (*rue au Beurre*). La *rue Maqua* ou des *Sans-Culottes* était habitée par deux imprimeurs, Baudoin, imprimeur de l'évêché (n° 18), et Ch. Morin, imprimeur du district (n° 24), arrêté, puis relâché au 9 thermidor.

IV. Quartier du Collège.

Sur la *place du Collège* (de la Liberté, depuis le 5 décembre 1792), fut planté le 16 décembre l'arbre de la Liberté, un jeune chêne qui remplaça celui de la place d'Armes, mort par suite d'une transplantation contre nature. La boucherie ne gênait plus, puisque démolie en 1775 elle avait été remplacée par celle de la rue de Calonne. Les bâtiments du collège, avec la chapelle de Saint-Louis, avaient été évacués par les élèves et servaient alors à divers usages : la municipalité avait d'abord accordé la chapelle aux prêtres insermentés, puis l'avait refusé à l'évêque lui-même dont elle semblait se défier, pour l'accorder aux protestants qui n'en jouirent qu'un mois environ (14 janvier — fin février 1793) pour s'en aller rue des Caquettes. La chapelle était peu riche en ornements religieux, à moins qu'elle n'ait été dépouillée avant le 6 novembre 1792, jour où les commissaires reçurent des mains du principal « une croix, un encensoir et une navette d'argent pesant 6 marcs, 1 once, 6 gros. » Depuis janvier 1793, la Société des Amis de la République avait au collège ses bureaux et sa salle des séances dans l'église dont on avait gratté les chemins de croix pour peindre les portraits des conventionnels célèbres. Le 5 septembre, le comité de surveillance ou comité révolutionnaire, nouvellement élu, se tenait dans la classe de philosophie, vacante par défaut d'écoliers. Certains professeurs étaient partis, tel Halma, le principal (1), d'autres étaient devenus les chefs incontestés du parti avancé, Vassant, Lemoine en tête, le reste se recueillait, tâchant de ne pas trop se compromettre et attendait : Romphleur, le premier, reprit du service « en obtenant provisoirement pour enseigner la grammaire française et la langue latine, l'ancien secrétariat de la correspondance de la Société populaire. » (4 pluviôse an IV — 24 janvier 1797). Ce n'était plus l'époque de l'ancien collège avec ses distributions solennelles où l'on voit Vassant, élève de seconde en 1783, diriger l'orchestre : ce n'était même plus 1791, le collège laïcisé, redevenu grave comme au temps du protestantisme, l'administration interdisant, le 11 août, « les représentations de comédie et de tragédie en vertu des statuts et règlements de 1770, homologués à Metz en 1771. » (Art. XXV, ch. IIe).

Le collège donnait sur la petite *rue des Gendarmes,* plus tard du Collège et sur le bastion de Bourbon dont nous ignorons le nom pendant la Révolution. La *place Verte* était sans nom spécial, ayant laissé le sien à l'emplacement planté d'arbres où est aujourd'hui l'hôtel de ville : elle était plantée d'ormes et appartenait au génie militaire.

Par la *rue des Fours,* on revenait à la place d'Armes, passant devant le district (aujourd'hui le presbytère) qui ne s'établit là qu'après maintes péripéties : l'administration du district s'était d'abord installée au gouvernement, puis, mécontente de son logement très restreint (une salle et 3 pièces dont une à feu sur le derrière), elle avait

(1) Un détail inédit sur Halma : il fut condamné le 3 janvier 1793 à 20 livres d'amende et aux frais pour avoir... mal balayé son pavé !

demandé l'ancienne maison du lieutenant de roi, rue du Rivage : la municipalité, réservant cette maison à l'évêché, lui avait accordé, de guerre lasse, la halle aux draps de la rue des Fours, dont la paralysie du commerce rendait désormais l'usage superflu.

La *rue des Laboureurs* renfermait l'entrée du théâtre de Stévenot, dont nous esquisserons l'histoire un peu plus tard, la maison Bertèche (n° 4) où habitaient Mme Drouin-Cromelin, grand'mère des deux émigrés de Maillan, Ryss, l'organiste, Dourthe, ancien commissaire du roi et député du Tiers-Etat aux Etats-Généraux de 1789, — en face (n° 3), le Jeu de Paume.

V. Place d'Armes.

La *place d'Armes* était la place principale de la ville, celle qu'on appelait *la place* sans épithète, sur laquelle s'était dressé d'abord l'arbre de la Liberté devenu par suite des intempéries le « balai de la République, » comme disaient les royalistes : c'était là que se passaient les revues, que se tenait un bureau d'enrôlement de volontaires ; c'était le forum où fut exposée la tête de Vissec de la Tude, où l'on exécuta un soldat.

Au débouché de la Grand'Rue, s'élevait une fontaine monumentale, la grande fontaine, entourée de 28 poteaux de fonte et haussée sur des marches, sous laquelle était un réservoir où l'on descendait par un escalier découvert lors de sa démolition ; gênante au possible, on proposa en 1791 de la remplacer par une pyramide surmontée d'une fleur de lys, dont les devis sont encore conservés. (Arch. Sedan. C[on] K, série Z, n° 1). Cette fontaine, portant au sommet une croix, était comme les deux christs de pierre en face de l'église, un cadeau de Louis XIV et de Marie-Thérèse. Les croix n'avaient pas encore disparu en 1793, mais on avait gratté les inscriptions dédicatoires. La fontaine traversa la Révolution, y perdit son couronnement et fut ensuite démolie après qu'on eût songé à la transporter place du Collège.

Sur la place d'Armes habitaient beaucoup de personnes connues : Carré et Cercelet, imprimeurs (n° 33) ; Absous (n° 31) ; la maison du coin (n° 29) appartenait alors au père Ternaux qui, parti en l'an II, ne subit pas le sort de ses collègues du conseil ; Grosselin, négociant, occupait le rez-de-chaussée. Cunisse, juge de paix, demeurait au n° 27, Varroquier père, apothicaire et membre de la municipalité de 1792, au n° 23, et de l'autre côté de la place c'était Verguin, du Gros Chapelet, Verrier, le seul officier municipal échappé à l'exécution du 15 prairial grâce à la maladie et au 9 thermidor (n° 8), Philippoteaux-Bertèche, négociant (n° 12), Bertèche-Hussenot, le père du brave Bertèche (n° 16).

L'ÉGLISE CATHÉDRALE

Elevée comme temple protestant à la fin du XVIe siècle, devenue après l'arrivée de Fabert église catholique consacrée par Charles-Maurice Le Tellier, puis en 1790 cathédrale épiscopale des Ardennes, l'église Saint-Charles renfermait en 1792 des richesses de toute nature provenant des dons nombreux que lui avaient faits de riches particuliers et surtout Louis XIV et Marie-Thérèse. En attendant qu'elle reçoive des tas de pailles et de fourrages pour l'approvisionnement des armées, et plus tard qu'elle devienne le temple de la Raison et de l'Être suprême, dont elle porte encore au fronton l'inscription dédicatoire, la Révolution allait pendant deux ans lui enlever une à une toutes ses richesses, fondre ses cloches, la dépouiller pour envoyer aux domaines nationaux de quoi faire des canons et de l'argent.

M. Ch. Pilard et l'abbé Prégnon ont déjà publié à ce sujet quelques pièces intéressantes : il nous appartient de compléter leur œuvre en réunissant ici un plus grand nombre de documents qui établiront l'inventaire à peu près définitif des possessions de notre église au XVIIIe siècle.

L'église cathédrale a subi, depuis lors, bien des changements accomplis par les curés qui se sont succédé pendant le cours de ce siècle, mais on peut dire que la physionomie générale n'a guère changé. Il serait fort important de suivre les transformations opérées à l'intérieur, soit sous les princes, soit depuis les dotations de Louis XIV ; le vieux Sedanais, dont M. H. Rouy a publié les souvenirs, donne à ce propos les renseignements les plus complets pour la période actuelle (1), le travail pourrait être facilement accompli pour les XVIe et XVIIe siècles, grâce aux *Archives de la ville* et aux *Comptes des bâtiments du roi.*

Le premier document qui s'occupe de l'église est un inventaire du 6 novembre 1792 dressé en exécution de la loi du 10 septembre ; il semblait complet, mais, dans la suite, la commission chargée d'inventorier les effets des maisons religieuses retrouva beaucoup de pièces et des plus importantes à y ajouter (2). Voici le contenu de ce premier procès-verbal :

« Cejourd'hui six novembre mil sept cent quatre-vingt-douze, l'an premier de la République française, neuf heures du matin, nous, Noël-Laurent, officier municipal, Antoine Maret, marchand orfèvre, Pierre Dalché, aussi marchand orfèvre, tous deux notables et Simon Henry Caillon, substitut du procureur de la commune de Sedan, commissaires nommés par délibération du conseil général de la commune à l'effet de procéder au désir des articles 1er et 2 de la loi du 10 septembre dernier, à l'inventaire, désignation et pesée de tous les meubles, effets et ustensiles en or et en argent qui se trouveront dans chaque église, oratoire ou chapelle quelconque de cette ville, nous sommes transportés en l'église cathédrale de cette ville où étant et en présence des citoyens Etienne Gridaine et Henry Mesmer, tous deux marguilliers, nous avons procédé auxdits inventaire, désignation et pesée ainsi qu'il suit :

« Dans la sacristie de Saint-Laurent, à droite en entrant dans le chœur et dans une armoire dont l'ouverture nous a été faite par le citoyen Mesmer, nous avons trouvé une lampe avec ses chaînes, deux encensoirs avec leurs chaînes et une navette, le tout d'argent et qui se sont trouvées être du poids de dix-neuf marcs quatre onces, cy.................. 19m 4o

« Deux autres lampes d'argent avec leurs chaînes pesant dix-huit marcs six onces, cy.. 18m 6o

« Deux bâtons de chantre en argent pesant ensemble quatorze marcs quatre onces, cy.. 14m 4o

« Six chandeliers et une croix d'autel en argent pesant ensemble cent dix-sept marcs une once, cy.............................. 117m 1o

« Un christ détaché de la croix d'autel de

(1) H. Rouy, *Souvenirs sedanais*, II. *Passim*.

(2) Les documents relatifs aux richesses de l'église sont conservés aux archives de Sedan dans trois séries : série **P**, no 1 (1790-1792), série **P**, no 2 (ans II et III) (con **H.** 3), série **P**, no 16 (an II) (con **X.** 2).

l'article cy-dessus, pesant trois marcs sept onces, cy........................... 3m 7o

« Deux écuelles à quêter en argent pesant un marc cinq onces, cy.................. 1m 5o

« Une croix de procession et son christ et son bâton, le tout d'argent, pesant neuf marcs trois onces, cy........................ 9m 3o

« Et ne s'étant plus rien trouvé à inventorier, nous avons renfermé les objets cy-dessus détaillés dans ladite armoire que nous avons fermée à clef et sur les portes de laquelle nous avons apposé le cachet de la municipalité et avons remis la clef au citoyen Henry Mesmer qui a déclaré se charger de représenter lesdits objets dans les vingt-quatre heures, pour mieux être transportés au district et avons signé avec lesdits citoyens Henry Mesmer et Etienne Gridaine, lesdits jour et an.

« *Signé :* Caillon, Dalché père, Maret père, Noel-Laurent, Mesmer le jeune, Et. Gridaine. »

Au début de l'année 1793, le corps municipal continua le dépouillement de l'église en faisant enlever les chaises pour un bal qui se donnait au pied des Capucins, dans les environs de la place Turenne actuelle, ce qui montre qu'il y a cent ans on dansait déjà au même endroit qu'aujourd'hui ; et pendant toute l'année et aussi en l'an II, l'œuvre de déménagement persista. Une curieuse déposition du sacristain Jacquet faite le 12 messidor an III (30 juin 1795), sans doute quand on voulait établir le bilan du Conseil général présidé par Vassant, raconte d'une façon naïve et sincère l'histoire de cette œuvre : nous la donnons en entier, en respectant l'orthographe et en faisant remarquer que Jacquet, par sa présence d'esprit, sauva de la destruction la statue de la Vierge : en la coiffant d'un bonnet rouge, il persuada aux spoliateurs que la Vierge elle-même s'était convertie au Jacobinisme et c'est grâce à lui qu'elle est encore debout dans une chapelle de la banlieue de Floing (1).

« D'apres l'invitation qui mas ette faits par les citoyens officier municipaux de la commune de Sedan le onze messidor 3e année

(1) H. Rouy, *Souv. Sedan*. II, p. 166.

rep. Je desclare que le 6 janvier 1793 les 11 heur du matin Herbulot alor officier municipal a fait enlevé toute les chaise de l'église pour les bal qui se donnois en bas des Capucin et que dans le moi d'avril suivant on en a raporte seulement cinq a six douzaine ; que le 23 du meme moi un agent de police a arete a la porte de Bouillion le bedeau Carrée qui raportai du cemitier un drap mortuaire de velour garny d'une croix de drap d'argent, d'un galon d'argent d'un pouce de large, d'une franche haute de trois pouce, de quatre gros gland, le tout d'argent, qui lui a dit de le suivre a la maison commune ou il a desposer le dit drap ; que le 6 septembre suivant le citoyen Dubar a fait enlevé de l'église deux douzaine de chaise, le reste des chaise a etté remis au citoyen Pillette ; que le 21 novembre suivant les 10 heur 1/2 du matin son venu les citoyens Caillion, Vassan et autre qui on apposer les cellée sur la porte de la sacristie dite de St Laurent et un santinel a la porte de l'autre sacristie avec desfance de laisser sortir aucune chose du cœur et sacristie ; que le soir son venu les citoyen Vassant, Raulin-Dardar, Bourote, Villette, Vilpois, Chrispain, Maret fils, Vinmer et un autre membre que je ne conois pas ; que le citoyen Bourote a dresser le procet-verbal de tout les calix, pataine, ciboir, ostansoir, boite à sainte huil, poix, anges, adoratoire et autre effet d'argent, quil les on fait porté de suite au district ou étai les citoyens Maret père, Caillion, Beaudeson et autre membre ; que le 23 les 2 heur apret midy son venue les citoyens Desgoffe et Villette qui on dresse procet verbal de tout les ornement ou il y avoit des galon d'or, qu'il les on fait charger sur des voiture et conduire a la maison commune et de suite je leur ai remie toute les clef des armoire ou étais les autre ornement a galon faux et en sois et celle du linge ciré et autre ; que le 24 le soir les citoyens Villette, Lavigne, Dureche et autre on etté en la sacristie et mon fait appeler pour leur faire conoître les cles des armoire ; impaciant de ce que je ne venoit pas asser vite il on fait sauter les serrure des armoire des citoyens évecq et prêtre, et on mic en tas dans la sacristie toute leur soutanne, camaille, bonnet carrée, livre, brevier, qui leur apartenois en prope, insy que six a sept livre de cierges que javoit dans une armoire à mon usage que Lavigne m'a prie ; les ayen réclamé il m'a dit *pour quoi vous trouvé vous en mauvaise companier*. Voilà tout ce que je peut desclare, n'ayen plus ette appeller à rien tout ce que je desclare par la presante je l'affirme véritable. A Sedan le 12 messidor 3e année rép. »

Signé : JACQUET.

La mémoire du sacristain ne l'avait pas trompé, puisque nous retrouvons tous les procès-verbaux des inventaires auxquels il fait allusion, et que nous pouvons suivre son récit dans les dossiers officiels.

Des chaises dont parle Jacquet, on enleva deux douzaines le 6 octobre 1793 pour les porter au

Club des Jacobins, ainsi qu'il résulte de l'ordre ci-dessous :

« Le sitoien Berthelemy et otorisée daler chercher deux dousaine de chese a la paroisse pour porter au Club des Jacobins de la Montagne seant aux sy-devant jesuite à Sedan ce 6 octobre 1793. »

Signé : DUBAR, en permanense.

Les bancs brisés et rassemblés dans la cour du collège, après la cessation du culte vers la fin de l'été de 1793, furent vendus le 14 du même mois par les soins de l'huissier Tanton et produisirent 1075 liv. 15 sols. Le drap des morts, enlevé au bedeau Carré le 23 janvier, fut remis par le sergent de ville Lallemant, seulement le 24 septembre. Enfin, pour les effets de valeur pris à l'église, nous devons donner plus de détails.

Le district reconnait avoir reçu le 3 brumaire an II (24 octobre 1793) divers objets d'argent ; il n'existe aucune trace de leur provenance, il est probable qu'ils venaient de l'église. Voici cette pièce :

« Reçu de la Municipalité de Sedan un soleil, deux calices et leurs patènes, un ciboire et son couvert, le tout d'argent, pesant ensemble onze marcs quatre onze *(sic)*, un demi gros.

« Sedan, le 3e jour du 2e mois de l'an 2e de la République française, une et indivisible.

« *Signé :* CAILLON, DESHAYE, DAMIEN. »

Mais le district ne se montrait pas satisfait, et dès le 29 brumaire (19 novembre), il envoyait à la Municipalité une lettre pressante dont le texte rendit aux conseillers un nouveau courage qui ne devait plus se ralentir :

LIBERTÉ, ÉGALITÉ, RÉVOLUTION

« Sedan, le 29e jour de brumaire, l'an 2e de la République française, une et indivisible.

« CITOYENS,

« Nous avons vu avec la plus vive satisfaction, que bien des communes de notre ressort se sont empressées d'offrir à la

Patrie tous les vases et autres ustensiles d'or et d'argent existans dans leur église ; elles ont senti avec raison qu'on pouvoit sans or et argent, rendre hommage à la Divinité. Hâtez-vous donc, citoyens, de suivre un si bel exemple ; montrez-vous aux yeux de nos concitoyens, dignes d'être républicains, et n'attendez pas qu'on vous reproche d'avoir donné par contrainte ce que votre seul patriotisme doit vous inspirer.

« *Les administrateurs du district de Sedan :*

« *Signé :* MARET, président : SOTIAS, ROBERT, MUNAUT, WUILLESME, BUFFET, CAILLON, procureur-syndic et DAMIEN, secrétaire. »

Le lendemain même, les délégués se rendaient à l'église et opéraient un premier enlèvement dans la sacristie de Saint-Laurent. Jacquet nous l'avait annoncé, le procès-verbal confirme ses dires ; il contient les pièces les plus riches de l'argenterie de Saint-Charles, en particulier un ostensoir de vermeil surmonté d'une couronne en diamants évaluée 200 livres et d'un grenat estimé 300 livres.

ÉGALITÉ, LIBERTÉ, RÉVOLUTION

« Cejourd'hui 30 brumaire 2e année de la République française, une et indivisible, nous, membres du Conseil général de la commune de Sedan, de l'administration du district de Sedan, de la Société jacobite et montagnarde de cette ville, et du Comité révolutionnaire du département des Ardennes, institué par les représentans du peuple, voulant porter le dernier coup au fanatisme et à la superstition et opérer le triomphe de la Révolution française, nous sommes transportés les cinq heures de relevée dans le bâtiment national appelé église cathédrale de Sedan, à l'effet d'y procéder à l'inventaire de tous les meubles et instrumens d'or et d'argent, de cuivre et d'étain, plomb et fer qui se trouvoient dans ledit édifice, et dont le salut public exige qu'on fasse usage sans délay pour la défense et la sûreté commune ; étant entrés dans le local appelé sacristie à gauche en entrant dans le chœur par la grille, sur l'indication du sacristain, y avons découvert les objets cy-après désignés, scavoir :

« 1° Six calices avec leurs patènes dont un d'argent et cinq de vermeil pesant ensemble vingt-cinq marcs quatre onces et quatre gros ;

« 2° Un ostensoir de vermeil du poids de douze marcs cinq onces, orné au haut d'une petite couronne de diamant, évalué à deux cents livres, et d'un grenat évalué trois cents livres ;

« 3° Trois ciboires dont deux en vermeil et un autre non en vermeil du poids de dix marcs six onces cinq gros ;

« 4° Trois boêtes aux huiles, deux poix (?), une burette et une embouchure de serpent pesant ensemble sept marcs sept onces ;

« 5° Différentes pièces d'applique en vermeil, détaché de deux figures en cuivre, pesant ensemble quatre marcs, six onces, quatre gros.

« Lesquels objets... ont été à l'instant transportés au district pour de là être envoyés à la Convention nationale.

Total : 65 marcs, 5 onces, 5 gros.

« *Signé* : VASSANT, officier municipal, président du Comité révolutionnaire ; BOUROTTE, membre de la commune, notable ; F.-N. DEVILLEPOIX, officier municipal et ministre protestant ; VILLETTE, membre de la commune. »

« Les effets cy-dessus ont été reconnus et pesés par le citoyen Maret fils aîné, orfèvre, appelé à cet effet.

« *Signé* : MARET fils aîné. »

Trois jours après, le 2 frimaire (22 novembre), les commissaires commencent l'inventaire, qui dura plusieurs jours, des linges servant à l'évêque et aux vicaires ; c'est dans ce procès-verbal que figurent les attributs de Philbert, sa crosse et sa mitre, et aussi deux bannières de soie qui étaient peut-être celles de l'ancienne milice incorporée en 1790 dans la garde nationale et déposées dans l'église par ordre de l'Assemblée nationale (séance du 30 mai 1790).

« Cejourd'hui deux frimaire l'an second de la République française une et indivisible.

« Nous, officiers municipaux, membres du district et de la Société populaire Jacobite et Montagnarde de cette ville, en vertu de l'invitation de l'administration du district, et de l'arrêté du Conseil général de la Commune de cette ville du 30 brumaire dernier, et par continuation, nous sommes transportés en la sacristie de l'église épiscopale de cette dite ville, où étant, nous avons mis sous la main de la République, les effets et ornements servant au culte et dont l'état suit, scavoir :

« 48 chappes en or et argent, velours garni de galons d'or et argent.

« Un drap mortuaire de velours noir garni de galons en argent.

« 86 chasubles et dalmatiques d'étoffes de soie, or, argent et de velours garni aussi de galons et d'argent.

« 163 étoles et manipules, mêmes étoffes et aussi garnies de même en or et argent.

« 3 coussins aussi de toutes sortes de mêmes étoffes et aussi garnis de galons d'or et d'argent.

« 49 voiles en mêmes étoffes de toutes natures et garnis de galons d'or et d'argent.

« 38 bourses de mêmes étoffes et garnies de même de galons d'or et d'argent.

« 2 bannières aussi d'étoffes en soie garnies de galons d'or et d'argent.

« Un daie composé de cinq pièces de velours cramoisi brodé en or et garni de franges de même.

« Un autre daie de soie blanche, composé de neuf pièces, garnies en or et franges de même, avec six fourreaux.

« Un autre daie aussi de velours cramoisi brodé en or et enfermé dans un autre fermant à clef et fait exprès.

« Une boëte renfermant les attributs de l'évêque, mitre et crosse.

« Trois balènes à ridaux garnis de trois attaches en argent.

« Lesquels objets ont à l'instant été amenés en la maison commune pour y être déposés...

« *Signé :* VASSANT, VILLETTE, RAULIN-DARDARE, DEVILLEPOIX. »

Le mois de frimaire vit continuer l'envoi à Paris des richesses de l'église : les cloches avaient été dépendues auparavant (ordre du district du 13 août 1793) et expédiées à Daigny chez le fondeur Clouet, le futur inventeur des fours à reverbères ; il restait encore divers objets de valeur, le Conseil général les fit parvenir aux domaines nationaux avec quelques lettres d'un style enthousiaste, signées de tous les conseillers, dont la plupart, du reste, n'étaient pas aussi farouches sans-culottes que pourraient le faire croire les documents ci-dessous, déjà publiés par M. Ch. Pilard dans la huitième période de ses *Souvenirs :*

« Sedan, le 26 frimaire an II de la République française, une et indivisible.

« Le Conseil général de la commune de Sedan à la Convention nationale.

« REPRÉSENTANTS DU PEUPLE,

« La superstition qui prend racines sur toutes les parties de la terre, s'était naturalisée dans nos stériles Ardennes, mais tout à coup le bandeau de l'erreur s'est déchiré, le peuple a vu qu'il avait été trop longtemps trompé par les prêtres. Il a élevé sa voix toute-puissante, il a dit et toutes choses ont été faites.

« La déchéance des saints et des saintes, des martyrs et des confesseurs, des vierges et des pontifes a été prononcée par le peuple ; les apôtres ont courbé leurs fronts dénués de l'auréole, les châsses ont servi à faire du feu aux sans-culottes et *encore une fois le grand saint Laurent, patron de cette paroisse, a obtenu les honneurs de la brûlure.*

« Si tous ces bienheureux eussent été d'or ou d'argent, nous les aurions envoyés faire amende honorable à votre barre, mais ils étaient de bois ou de pierre ; nous en avons fait des bûches ou des bornes. Nous vous faisons passer *la batterie de cuisine du sacerdoce*, elle consiste en 133 marcs d'argent, non compris ce que, dans différents temps, nous avons déposé au district de Sedan. Nous vous faisons également passer tout ce que nous avons pu enlever *de dessus l'Ambigu-Comique ultramontain ;* ces objets consistent en 324 marcs de galons presque tous d'or. Toutes nos croix de fer et nos pieuses grilles sont en bas ; elles servent à faire des piques et des fusils. Nos vénérables cloches et nos chandeliers ont pris la route de Daigny ou de Metz, où leurs débris ont été métamorphosés en canons en dépit du respectable corps des marguilliers.

« Législateurs, restez à votre poste pour sauver le vaisseau de la République, comme nous restons au nôtre pour le défendre contre les bourrasques et les orages de la Prusse et de l'Autriche. et comptez sur le zèle ardent des *archi sans-culottes* du Conseil général de la Commune de Sedan pour la prompte et entière exécution des lois révolutionnaires. Salut et fraternité ! Vive la République ! Vive la Montagne !

« *Signé :* Vassant, maire, Lavigne, Vilette, Degoffe, Dubar, Absous fils, Garet fils, Marque, François Combe, Chanonin, Gilmaire, Baron, Bourotte, Herdulot, Milard, Devillepoix, Saint-Pierre, Pailla-Godet, Menu le père, Marcel, Lenoir-Peyre. »

Du 4 nivôse, an II (24 décembre).

« Citoyens représentants du peuple,

« Indépendamment de l'envoi que nous vous avons annoncé l'autre jour d'une caisse d'argenterie provenant de *la batterie de cuisine du sacerdoce*, en cette cité, nous vous envoyons encore aujourd'hui, par la même occasion de la voiture publique, une autre caisse contenant 90 marcs d'argent provenant de *guenilles bénites* que l'on a brûlées, n'ayant pu en tirer parti. Le tout vous étant parvenu à bon port, nous vous prions de nous en accuser réception. Salut et fraternité ! »

Les derniers documents, que nous possédons, constatent qu'on reçut encore à Paris « divers objets servant cy devant au culte, du poids de 7 marcs 4 onces 6 gros ; une étole fine avec glands » (3 floréal an II — 22 avril 1794), et qu'on aurait dû recevoir divers autres effets d'or et d'argent certifiés par Boursier fils, orfèvre, si les citoyens Vincent et Ronsin, jacobins influents, n'avaient pas jugé bon de se les approprier en mettant à leur place dans la caisse, des ordures et des pierrailles (1).

***

(1) Ch. Pilard. *loc. cit.*

A côté des multiples objets emmenés au « magasin général des dépouilles des églises, » quelques ornements ont échappé à la destruction : ces sauvetages furent souvent dangereux pour ceux qui les tentaient, autant peut-être que la prise en protection des émigrés et des modérés. M. Ch. Pilard raconte, à ce propos, l'histoire authentique de la bourse brodée par Mme de Fabert et conservée dans sa famille ; il joint, en note, ce renseignement intéressant qu'une dalmatique chargée d'ornements fut renvoyée au curé après 1793 (1). Beaucoup de linges sacrés et d'argenterie furent vendus aux orfèvres de la ville, beaucoup aussi furent pris par les gardes nationaux accompagnant les commissaires, et l'on sait qu'un des grands griefs formulés contre le malheureux Maret, assassiné à la réaction thermidorienne, fut le zèle vraiment excessif qu'il avait apporté à sa besogne, lors du dépouillement des chapelles et de l'église.

Pendant qu'on finissait de faire place nette, pour ne pas perdre le moindre espace, on avait rempli de fourrages l'intérieur de l'ex-cathédrale ; mais, comme les idées religieuses tendaient à reparaître sous un autre nom et sous une forme moins divine, ordre fut donné au district par le maire Vassant et ses conseillers généraux d'évacuer ces fourrages en vue de la célébration du culte de la Raison : la lettre sans date est probablement de ventôse an II.

« Citoyens administrateurs,

« Vous avez été invités, le 14 de ce mois, à faire évacuer les pailles et autres fourrages déposés dans la ci-devant cathédrale, pour deux motifs également intéressants.

« Le premier et le plus urgent est la sûreté publique, compromise de la manière la plus alarmante par ce dépôt dans un grand édifice voûté en bois, ouvert de tous côtés, environné et pressé de maisons qui peuvent en ce moment devenir la proie du plus cruel incendie ; l'autre motif est la conversion de ce lieu en *Temple de la Raison*, dont la nécessité n'a pas besoin d'être démontrée.

(1) Ch. Pilard. *6me et 8me périodes.*

« Nous sommes persuadés, citoyens administrateurs, que toute difficulté doit s'évanouir devant des intérêts si pressants et que l'évacuation de la *ci-devant cathédrale* ne peut être différée d'un quart d'heure sans compromettre la chose publique.
Salut et fraternité ! »

On vendit aussi le 28 du même mois « un tas considérable de débris de meubles de bois épars qui gisoient dans différentes places du Temple de la Raison de ladite commune, lequel faisoit partie des meubles qui restoient alors dans ledit temple et servoient ci-devant à l'exercice du culte. » C'était les derniers vestiges de l'Eglise catholique : les représentants Roux et Massieu inauguraient le 7 germinal an II (27 mars 1794) le *Temple de la Raison* : la fête fut racontée dans une lettre de Roux à la Convention, et les menus détails nous en sont conservés grâce à un précieux témoignage (1). Le culte de la Raison ne dura qu'un moment, deux mois environ : l'*Etre Suprême* prit sa place, et fut célébré à Sedan, le 20 prairial (8 juin), avec coups de canon, revues de troupes, chœurs de vieillards, de jeunes filles, d'adolescents, sans compter une montagne élevée au Champ-de-Mars comme piédestal des sections et des choristes, et, pour terminer, les décharges d'artillerie et l'embrassement fraternel au cri de *Vive la République !* Enfin l'Etre Suprême passa, lui aussi ; et vers la fin de germinal an III, Philbert revint avec ses vicaires reprendre possession de son épiscopat : mais la foi ancienne, dans ces troubles, s'était émoussée, ou avait perdu la route de la vraie religion, et il fallut Napoléon pour faire renouer à l'Eglise catholique le fil des traditions ininterrompues pendant des siècles.

(1) Prégnon, II, pp. 195, 197, 200, 252, 254. — Ch. Pilard. 9me *période*.

VI. Rue de l'Égalité

La rue Gambetta, anciennement *rue neuve de Bourbon,* et, depuis le 6 octobre 1792, *rue de l'Egalité,* nom qu'elle conserva longtemps après la Révolution, était la rue principale de la ville. Là demeuraient les notables, et les ci-devant nobles y avaient leurs hôtels : Hennuy, le libraire, membre de la municipalité de 1792, au n° 2 ; Petit de Moranvillé, maître de forges et grand propriétaire foncier, émigré de bonne heure, au n° 8 ; Labauche de Bazeilles, le créateur de l'hôtel Monard, au n° 10 ; Poupart de Neuflize qui bâtit la maison L. Bacot ; les Legardeur ; Desrousseaux, le maire de 1792, fabricant de draps, au n° 18 ; Dalchez, le médecin, au n° 22 ; Pillas, ancien maire, président du tribunal du district, au n° 24 ; Béchet de Balan, manufacturier, au n° 31 ; enfin au n° 14, la boutique du perruquier Stévenot, coiffeur attitré des belles dames et plus tard de la déesse de la Raison, le fondateur de la première salle de spectacles, sur l'histoire de laquelle il convient d'insister.

LE THÉATRE DE STÉVENOT

Pendant la Révolution, malgré les troubles de la politique et les guerres du dehors, le théâtre ne chômait dans aucune ville de France : les auteurs dramatiques s'emparaient même des événements du jour, qu'ils accommodaient, suivant les circonstances, au grand contentement du parti triomphateur et à la honte des vaincus.

A Sedan, comme à Paris, les acteurs distrayaient les habitants dans la petite salle que le perruquier Stévenot avait construite lui-même, en 1766, derrière sa maison de la rue Gambetta, n° 14 (1). On y pénétrait de la rue des Laboureurs, par une allée étroite qui existe encore, où deux personnes pouvaient à peine passer de front. Devant la scène, étaient l'orchestre et les bancs du parterre pour le public peu aisé ; un escalier de meunier conduisait aux trois rangs des loges qu'occupaient les officiers et les riches : le spectacle commençait généralement à cinq heures et demie, et la police était faite par la garde nationale et des agents, ainsi qu'il résulte du curieux document que voici (2) :

Arrêté du corps municipal pour la police de la salle des spectacles.

« Tous les jours de comédie, quatre hommes de la garde nationale et un garde de police se rendront à cinq heures précises à la salle de spectacles.

« Un des hommes de garde, sans armes, sera placé sur le théâtre, avec la consigne d'y faire observer le bon ordre, et d'empêcher que personne n'y aille, et ne gêne les acteurs.

« Les trois autres, aussi sans armes, seront placés, l'un au parterre, un autre au milieu des secondes loges à droite, et l'autre au milieu des troisièmes loges à gauche ; ils feront attention devant eux, et à côté, à tout ce qui pourroit troubler le spectacle.

« Le garde de police leur donnera à tous les trois la consigne suivante : de faire observer le bon ordre, et empêcher le bruit,

(1) P. Norbert. ann. 1766. — Ch. Pilard, *passim*.
(2) Arch. Sedan. Con L, série I, n° 65.

lorsqu'il s'en fera, de crier de faire silence, en fixant l'endroit d'où partira le bruit ; si le bruit ne cesse point, de s'y porter, et engager les personnes de se taire ; s'il y avoit quelques troubles d'en prévenir de suite le garde de police, qui en rendra compte à l'officier municipal.

« Le garde de police fera allumer à cinq heures un quart et fera lever la toile à cinq heures et demie, il se placera dans le dernier banc du parquet pour être plus à même d'être vu de l'officier municipal et de prendre ses ordres.

« Fait en la maison commune, le 26 décembre 1791.

« *Signé :* DESROUSSEAUX, maire, SAINT-PIERRE, LE NOIR, FOURNIER, VERRIER, Joseph BÉCHET, GIGOU-SAINT-SIMON. »

Le théâtre était aussi le local presque forcé pour la réunion des clubs, et nous y trouvons, en 1790, le premier club qui se forma à Sedan, et dont il ne reste d'autre souvenir que le récit d'une séance conservé par M. Ch. Pilard et cette appréciation portée par Vassant « qu'il produisit de bons effets quoiqu'assez mal composé. » En décembre 1792, quand fut constitué, sous les auspices de ce même Vassant, la *Société des Amis de la République,* c'est au théâtre qu'elle tint, tout d'abord ses séances, ce qui amena, on s'en souvient, des conflits avec les comédiens. Enfin la dernière Société populaire, celle qu'on traita de Club de la Vendée s'y installa pendant sa courte durée, et prit le nom de *Club de la Comédie.* (Juillet-septembre 1793).

*
* *

Avant 1790, quand les nobles étaient tout-puissants au milieu des fêtes, Mme Labauche de Bazeilles, qui habitait la maison Monard, pouvait se rendre directement de son hôtel au théâtre par une percée dans le mur, sans être obligée de faire atteler comme Mme Petit de Moranvillé, la femme du riche propriétaire de Daigny, qui s'y faisait conduire en voiture, bien qu'elle demeurât à deux pas, où est aujourd'hui Mme Fleury-Millard (1).

(1) Ch. Pilard, *loc. cit.*

Les officiers de la garnison étaient les hôtes assidus des spectacles, qu'ils quittaient pour aller finir la soirée aux Trois Maures, chez Fossoy, rue Saint-Michel : ils y jouaient aussi la comédie de société comme nous l'apprend la correspondance de Mme Drouin, publiée par nous, ici même.

La troupe était formée, comme aujourd'hui, par un directeur qui cumulait cette fonction dans plusieurs villes : en 1790, c'était un nommé Déterville, directeur du théâtre de Saint-Quentin (1), un des rares personnages qui aient laissé quelques traces de son passage à Sedan. Le 16 mai, à l'avis donné qu'il pouvait venir occuper le théâtre, Déterville répondait :

« Saint-Quentin, ce 16 Mai 1790.

« MESSIEURS,

« J'ay reçu par la voye du sieur Stevenaux, propriétaire de la salle du spectacle, le privilège que vous daignez m'accorder : mais la restriction qui est dedans de n'en profiter pour bien faire qu'à la mi-octobre, me fit répondre au sieur Stevenaux que je le priais d'attendre jusqu'à ce tems, et que mon dessein étant de passer tout l'hyver dans votre ville, je le priais de ne recevoir aucune troupe jusqu'à ce tems, que je le croyais trop galant homme pour chercher à me faire venir à Sedan dans un moment où l'on risquerait de ne pas recueillir le fruit de nos talents.

« Le sieur Stevenaux m'a répondu le 11 avril, et sa lettre marque qu'il se pourrait qu'il ne fut pas le maître de me garder sa salle, la garnison s'ennuyant pourrait peut-être demander une des troupes qui seraient aux environs, et qu'avec les nouveautés qui étaient montées chez nous, nous ne devions rien craindre.

« D'après cette lettre, j'attens de vous, Messieurs, que vous voudrez bien m'éclairer, et d'après vos avis soyez persuadés que je n'épargnerai rien pour vous prouver mon zèle et les sentiments respectueux avec lesquels j'ay l'honneur d'être, Messieurs, votre très humble et très obéissant serviteur.

« E. DÉTERVILLE. »

La Municipalité calma aussitôt ses inquiétudes :

« 26 Mai 1790.

« Vous pouvez être tranquille, Monsieur, sur le privilège qui a été accordé par le corps municipal. Son intention est que vous en jouissiez à l'exclusion de toute autre troupe qui pourroit se

(1) La curieuse *Histoire du théâtre de Saint-Quentin*, de M. Ch. Lecocq, s'arrêtant à 1789, ne donne pas le nom de Déterville.

présenter. La sorte de restriction que vous y avez trouvée n'a rapport qu'à vos propres intérêts.

« J'ai l'honneur d'être avec bien de l'affection, Monsieur, votre très humble, etc...

« *Signé* : LENOIR,
« membre du bureau municipal. »

Mais, au mois d'août, le bruit courait à Reims que la garnison de Sedan était partie pour Metz, et le directeur, redoutant l'absence de ses spectateurs les plus fidèles et les mieux disposés, demandait à Lenoir la vérité à cet égard :

« Reims, ce 17 Aoust 1790.

« MONSIEUR,

« Comme en quittant Saint-Quentin, nous sommes descendus en cette ville, je croirais manquer aux bontés que vous m'avez témoignées, si je ne vous instruisais de mes démarches jusques à l'époque où j'aurais l'honneur de vous présenter mes respects.

« Le bruit court ici que votre garnison est partie pour Metz, sans doute qu'elle est remplacée par une autre. Nous avons plusieurs pièces relatives à la circonstance qui demandent l'appareil militaire.

« J'ay l'honneur d'être avec les sentiments du plus profond respect, Monsieur, votre très humble et très obéissant serviteur. » (1).

C'est sans doute Déterville qui fit jouer sur le théâtre de Stévenot les acteurs dont parle Mme Drouin dans sa très piquante correspondance (1790-1791).

L'année 1792 ne nous apporte qu'un renseignement de faible importance : le 13 juillet, on ajoute à la police municipale deux gendarmes nationaux. Mais au plus fort de la tourmente révolutionnaire, en 1793, reparaissent les documents.

Un acteur du nom de Jean Martin trouva le 6 mars, vers les 8 heures 1/2 du soir, rue de l'Horloge, un enfant « ayant sur la tête un bonnet couleur de rose garni de blonde blanche et un petit bonnet de toile blanche par dessus avec un petit ruban au col dit faveur même couleur rose. »

(1) Ces lettres sont extraites des archives de Sedan (con **L**, série **Z**, n° 5).

C'était d'ailleurs l'époque où l'on amenait devant les juges de paix nombre de petits êtres ainsi abandonnés dans les rues, et les procès-verbaux de constatation sont nombreux dans nos archives.

Le 22 frimaire an II (12 décembre 1793), une difficulté se produisit dans la troupe : « Pierre Demars, Charon et Paris, tous trois directeurs des spectacles de cette commune, » avaient fait en août avec Gomelle et son épouse un traité devant expirer à la veille des Rameaux 1794 ; mais les deux associés étaient partis quelques jours auparavant, « quoique la femme doive jouer un rôle dans la pièce de *Jeannette* annoncée et affichée. » Les acteurs restant demandent à cette date, à Chayaux et Cunisse, juges de paix, acte de leur départ, sous toutes réserves. Le procès-verbal dressé à cet effet constate que Charon était *décadaire* de la Société, c'est-à-dire semainier (1).

Le dernier souvenir qui nous reste du théâtre pendant l'époque révolutionnaire nous est livré par M. Ch. Pilard qui, dans son livre (7e période), raconte par le menu la représentation patriotique du *Dernier Jugement des Rois,* avec prologue, accessoires, costumes, etc... Il faut relire ces pages spirituellement écrites et reproduites d'après le récit véridique d'un spectateur intelligent. C'est, parmi les souvenirs pris sur le vif, l'un de ceux qui marquent le mieux la psychologie déroutante de ces temps sombres.

Après cela, plus de notes relatives au théâtre de Stévenot, sauf bien plus tard une délibération du 14 nivôse an XI (4 janvier 1803), qui proposait d'évacuer la salle, à raison des accidents possibles surtout en cas d'incendie, et de construire une salle de spectacles dans l'ancienne boucherie au haut de la rue Saint-Michel où, depuis la Révolution, on logeait des chevaux de troupe. Ce projet n'eut pas de suite : la démolition de la porte du

(1) Arch. Sedan. Con J 5, série I, no 50.

Rivage, cédée à la ville la même année, permit à l'administration municipale de vendre à une société d'actionnaires le terrain qu'occupe, depuis **1811**, notre salle actuelle des spectacles dont ni l'éloge ni la critique ne sont plus à faire.

VII. Le Centre de la Ville.

La rue Saint-Michel, chose curieuse, garda son nom pendant la Révolution, ayant en cela plus de chance que d'autres, ses voisines. Ici, peu de maisons connues : au coin de la rue de l'Horloge, l'hôtel des Trois-Maures, que tenait Fossoy, notable, décapité avec la municipalité de 1792 ; en face, au n° 37 de la rue de l'Horloge, l'auberge tenue par Dacheville, dans la maison appartenant à Saint-Pierre, guillotiné, lui aussi, en 1794, une des dernières constructions en encorbellement, nombreuses à Sedan au XVIe siècle. La Commune était alors où sont établies aujourd'hui les Sœurs de Sainte-Chrétienne : c'était de toute antiquité l'Hôtel de Ville, qui renfermait autrefois au deuxième étage la salle des Eaux et Forêts. Le bâtiment servit, vers brumaire an III (octobre-novembre 1795), aux tribunaux : le tribunal civil et le greffe au premier, le tribunal correctionnel au second, quand le Conseil général alla siéger rue du Rivage, et que les prisons vinrent à l'ancienne maison des sœurs de la Propagation de la Foi. Inutile de rappeler ici les mille incidents dont fut témoin l'Hôtel de Ville pendant la période révolutionnaire, les séances troublées des conseils de différentes nuances, l'arrestation des commissaires envoyés par l'Assemblée, les harangues de Vassant, etc., ce serait refaire l'histoire interne de cette grande et sombre époque.

Dans les environs de la Commune se trouvait, paraît-il, une *rue Marat,* dont aucun acte officiel ne créa la dénomination, mais qui est donnée comme la résidence du notaire Robert, institué à Sedan en 1772, puis à Vandy en l'an IV, père de Robert-Voncq, le conventionnel. L'énigmatique rue Marat ne peut être que la rue des Francs-

Bourgeois : on comprend, en effet, que le nom de cette rue ne cadrait plus avec l'égalité proclamée en 1789, et, si les ducs de Bouillon avaient cru bon d'accorder des franchises aux nouveaux venus sur leurs terres, la Révolution ne devait pas supporter une terminologie imaginée par les « cy-devant princes. » Au n° 9, habitait d'Estagniol, ancien député aux Etats-Généraux.

La rue Sainte-Barbe, dite, en l'an II, *de l'Unité*, et la rue Saint-Charles, qui semble alors n'avoir pas changé de nom, n'offrent rien de curieux. Au contraire, la rue de l'Horloge conservait encore quelques souvenirs : à l'extrémité qui donne sur la place d'Armes, se voyaient les montants de la porte Gœury, tandis que l'extrémité opposée avait reçu le nom de rue de la Prison. La prison, c'était le bâtiment des religieuses de la Propagation de la Foi, vaste construction remontant au XVIIe siècle (une porte est surmontée, aujourd'hui même, d'un écusson portant la date de 1610), limitée par la rue Bekry, anciennement « petite » rue des Religieuses, par opposition à la portion voisine de la rue des Francs-Bourgeois, qu'on nommait simplement rue des Religieuses. La rue Bekry, nom qu'on voit écrit « Béatrix » dans un acte de 1793, est célèbre par le meurtre de Vissec de La Tude.

Sur la maison des Religieuses, peu de choses à ajouter à nos notes antérieures, sinon deux pièces signées de Modiquet et Maret, constatant qu'ils ont reçu « deux petits chandeliers en vermeil pesant 7 onces 2 gros » et « deux petits flambeaux d'argent doré pesant 7 onces 2 gros, » en date du 17 frimaire an II (7 décembre 1793) ; voici en outre le détail de leurs revenus, dressé le 24 août 1790 :

« 1° Une rente sur le revenu des tailles de 491 livres.

« 2° Une rente de 90 liv. sur l'emprunt d'Alsace.

« 3° Une rente de 300 livres sur le trésor royal.

« 4° Une rente de 300 liv. sur la gabelle.

« 5° Une rente de 200 liv. sur le clergé.

« 6° Un pré situé à La Chapelle, loué 18 liv.

« 7° Loyer de la Maison du Temple (1) 460 liv.

« 8° Canon d'une ferme, située à Balan, de 273 liv.

« 9° Une ferme dite du Terme, louée 650 liv.

« 10° Une ferme située à Brévilly, louée 500 livres.

« 11° Une ferme à Amblimont, louée 220 liv.

« 12° Un bien à Autrecourt, loué 21 liv.

« 13° Une rente de 100 liv. sur la maison du s[r] Grié (?), sans compter les dons, legs et rentes de particuliers. »

Meubles et immeubles furent adjugés au profit de la Nation. Le 31 mai 1793, Tanton, huissier, vendit pour 1,022 liv. 15 sols de de meubles, le 29 mai, pour 769 liv. 19 sols, et le 4 juin, un inventaire complémentaire mentionne 600 volumes à la bibliothèque (2).

Sur la place du Château, nous trouvons la Fontaine Dauphine, celle qui donna du vin le jour de son inauguration ; l'entrée du Promenoir des Prêtres, par où sortait Philbert pour venir à la Commune ; la Maison des Filles de l'Ouvroir, qui nous est déjà connue et dont l'inventaire du 23 août 1790 fournit l'état des biens ; rien de curieux, sauf « le petit oratoire meublé de tapisseries et muni d'ornements dorés, » et la liste des immeubles :

« 1° La maison occupée par les sœurs à Sedan, et estimée par elles 25.000 livres.

« 2° Une ferme à Saint-Martin, produisant 24 quartels de blé et 20 d'avoine.

« 3° Une ferme à Saint-Aignan, produisant 7 quartels de blé et 5 d'avoine.

« 4° Une ferme à Glaires, louée 145 liv. » (3).

Mais le monument remarquable, témoin muet des longues épopées de l'histoire sedanaise, en

(1) « La maison du Temple, commencée lors de la révocation de l'Edit de Nantes, appartenant aux Filles de la Propagation de la Foi, est adossée au bastion neuf de la Cassine. » (P. Norbert, ann. 1757.)

Le 18 mai 1793, le Conseil général arrête que cette maison sera destinée, de l'avis du général Champollion, commandant à Sedan, à faire un établissement de convalescence.

(2) Arch. Ardennes Q. 537.

(3) Arch. Ardennes, Q. 537.

1793, debout encore sans mutilation, et conservant dans ses murs le souvenir du passage des commissaires enfermés, de Mogue et de tant d'autres, c'était le Château ; dans le Château-bas ou Gouvernement, le tribunal tenait ses séances ; le district y avait eu, en 1791, ses bureaux dans le logement du directeur du génie, non résidant à Sedan, pour lequel la ville venait de dépenser 30,000 liv. en réparations.

De l'ensemble du Château, grâce à la découverte d'un document précieux, nous pourrons, plus tard, donner en entier la description dressée, dit-on, dans le but de livrer la place à l'Autriche (1).

VIII. Rue et place du Rivage.

Du Château, nous redescendons par les rues Villiers d'En-Haut et d'En-bas (qu'on devait prolonger jusqu'au faubourg du Rivage, dans le projet d'agrandissement de l'an IV) ; de la place du Barbeau, pas de nouvelles pendant la Révolution ; mais dans la rue du Rivage, signalons un monument intéressant, l'ancienne maison du Lieutenant de Roi, occupée aujourd'hui par la prison. C'était, paraît-il, un joli bâtiment avec cour par devant et grille ; à côté, un corps de garde et chambre d'officiers. Après la mort du dernier Lieutenant de Roi, Pierre Gigou de Saint-Simon (29 janvier 1791), « âgé de 75 ans, chevalier de l'Ordre royal et militaire de Saint-Louis, époux de demoiselle Madgdeleine-Suzanne Sidvat de Thévenin, inhumé au cimetière militaire de Saint-Louis (2) » (à l'entrée de la Cassine), le Directoire du district demanda pour lui cet emplacement : mais il avait déjà été

(1) Arch. Sedan. **H.** 71.
(2) M. Ch. Pilard a confondu avec ce personnage son fils, Louis-François, aide-major de la Place, qui habitait à Torcy et périt sur l'échafaud, à l'âge de 51 ans, avec la Municipalité de 1792 (15 prairial an II, 3 juin 1794).

promis à l'évêque des Ardennes, qui ne devait en prendre possession qu'en 1792, et y demeurer jusqu'à l'an III, époque où s'installa et resta pendant une trentaine d'années l'Hôtel de Ville.

A côté de ce monument, était l'ancienne Fonderie des Princes, maintenant démolie et remplacée par le Palais de Justice, maison intéressante en raison de son antiquité, et appartenant à la Révolution à J.-B. Legoullon, maréchal-ferrant.

Place du Rivage, demeuraient Petitfils, médecin, au n° 3, guillotiné en 1794 ; Ninnin, juge de paix, Maucomble d'Artaise, en face ; Vissec de La Tude, au n° 4. La place était, en réalité, la place d'Armes de la nouvelle porte du Rivage, surmontée d'une horloge comme celle du Mesnil, démolie seulement en 1804, et sur laquelle habitait Soulasolle, agent de police, succédant au major de la place, Angron de la Tanchère, qui évacua la maison le 7 juillet 1792. Sur la place, on passait aussi des revues, et la Meuse en baignait le pied.

Aux moulins royaux, devenus biens de la nation, habitait alors Gille le meunier, et sur la place de l'Isle, dont la porte n'était plus qu'un souvenir, se trouvait l'abattoir, alors corps de garde, démoli récemment ; là aboutissait une sortie des maisons de la place du Rivage, là étaient le port et la maison Profinet (ancienne propriété des Vissec de La Tude, aujourd'hui à M. Payon).

La rue Ternaux s'appelait alors *rue de la Liberté* : c'est la première qui changea de nom ; le 14 juillet 1790, à l'occasion de la Fédération, « le nom exécré de Calonne, que portait le quartier de l'Isle, fit place à celui de la Liberté, et, en cet honneur, la rue fut illuminée. » Là était le bureau de l'enregistrement des droits, tenu par Lenoir-Peyre, l'érudit procureur de la commune, guillotiné avec Desrousseaux.

Au bout de la rue Saint-Michel, se trouvait la Boucherie, sur la place du même nom, où logeaient alors des chevaux de troupes.

IX. Faubourg du Rivage.

Si nous passons la porte du Rivage, sur le terrain planté d'arbres que baigne la Meuse et qui porte vers l'emplacement actuel de l'Hôtel de Ville, le nom de place Verte, se tenait la foire aux bestiaux. On y donnait aussi des bals publics, tout comme aujourd'hui.

C'est là que devait être bâti en 1806 le nouveau quartier, reliant à la ville le vieux faubourg du Rivage. En 1793, celui-ci s'ouvrait à gauche par un quai bordé des fouleries Paignon et Poupart, sur notre rive, l'usine Legardeur en face, près desquels on passait le canal sur un pont dormant, à côté de l'Arche Lambert, voûte de pierre sur ce même canal (1) ; en franchissant l'ile et le grand pont, par les terrains encore vagues de la Sorille, on arrivait à la porte de Torcy. La place d'Harcourt existait sous ce même nom ; la rue Blanpain s'appelait rue des Tanneurs ; dans la rue Rovigo, sans autre nom que faubourg du Rivage, était l'ancien hôpital où le supérieur des Frères, le P. Gaspard, tenait alors une école libre. Au bout, étaient la Porte et le Pont Rouges, et l'on revenait par la rue des « Quaquettes » à la Rampe des Capucins, chez qui nous montons par l'escalier de pierre, en remarquant à nos pieds des fours militaires cédés ensuite à la ville.

(1) Le plan du cours de la Meuse en 1769, annexé à la VIe série des *Souvenirs Sedanais*, de M. H. Rouy, indique parfaitement tous ces détails peu connus. *Cf.* P. Norbert, ann. 1769. *(Vieux Sedan*, p. 57).

LES CAPUCINS

Sur cette maison, où domine la savante figure du P. Norbert, nous ne pouvons mieux faire, pour dire du nouveau, que de reproduire le document inédit suivant : c'est l'inventaire dressé le 11 juin 1790 par Baudin, maire, et les officiers municipaux « en présence des religieux de ladite maison, assemblés au son de la cloche (1). »

IMMEUBLES

« 1° La communauté n'a d'autres immeubles que la maison dans laquelle sont 26 chambres de religieux et plusieurs autres pour les infirmiers et les voyageurs, le jardin contigu à la maison (2) ; le tout dans un ouvrage à corne de ladite ville, et une petite maison extérieure servant à loger deux sœurs chargées de recevoir l'honoraire des messes et les aumônes pécuniaires.

« 2° Les religieux capucins ne pouvant posséder aucune rente, la maison de Sedan n'en a point d'autres qu'une aumône annuelle de 400 livres accordée par arrêt du Conseil d'Etat du 24 septembre 1689, pour fournir le vin nécessaire aux malades, et à la célébration des messes ; le territoire de Sedan n'ayant point de vignes, cette aumône se touche sur le revenu des domaines ; une autre aumône de 60 livres, à toucher sur le revenu des bois du roi, a été substituée à la livraison de 20 cordes de bois à prendre dans les forêts de Sa Majesté. Le roi donnait aussi annuellement 200 livres de sel, à prendre au magasin de Donchery, et le don avait été réduit à 100 livres depuis 15 ans environ.

« Le maréchal de Fabert et ses héritiers ont légué une aumône annuelle de 300 livres à la charge d'un service annuel. »

MOBILIER

« Les vases sacrés consistent en : un soleil, un petit vaisseau pour les saintes huiles, un reliquaire contenant une parcelle de la vraie croix, trois calices garnis de leurs patènes, le tout d'argent, et un calice de vermeil avec sa patène.

(1) Arch. Ardennes, Q. 537.

(2) Cependant, le 28 février 1791, on évalue à 3,500 livres, une maison à eux appartenant, faubourg du Rivage, à l'entrée de la rue des Quaquettes : c'est là que demeuraient les frères lais et les sœurs des Capucins.

« Il n'y a point de calice, attendu qu'il a été volé le 24 mars dernier (1).

« Nous observons que l'argenterie sus-désignée est de la plus grande simplicité et réduite à la quantité étroitement nécessaire pour la desserte de l'église. »

SACRISTIE

« Elle renferme : 3 chapes, 4 dalmatiques, un drap mortuaire en laine, 8 chasubles en blanc, 8 en rouge, 3 en vert, 4 en violet et 4 en noir, et autant de voiles de laine et un parement d'autel de chaque contenu.

« Le linge de la sacristie est en trop petite quantité pour qu'on en fasse la description.

« Les chambres occupées par les religieux de la maison, celles qui sont destinées à recevoir les malades et à exercer l'hospitalité, les lieux communs tels que la cuisine, le réfectoire et le chauffoir, ne sont garnis que des meubles les plus indispensables, et tout y respire la pauvreté religieuse. »

BIBLIOTHÈQUE

« La bibliothèque ne contient ni manuscrits anciens, ni livres rares, ni médaillier : elle est composée d'environ 3,600 volumes, dont la plus grande partie consiste dans l'Ecriture Sainte, les Pères de l'Eglise, Théologiens, Sermonnaires, et autres ouvrages relatifs à la science ecclésiastique. Le catalogue de la bibliothèque, rédigé avec beaucoup d'ordre et d'intelligence, nous a été repré-

(1) Voici la requête pour le remplacer, faite par le F. Simon, provincial capucin : « Supplient très-humblement les capucins du « couvent de Sedan et prennent la confiance de vous exposer que « le 24 mars 1790, un malveillant a profité d'un intervalle de « temps entre deux messes pour se saisir de la clef du tabernacle « qui était restée sur l'autel, et a volé le saint-ciboire : depuis ce « temps, ils se servent d'un saint-ciboire emprunté, mais qui est « si petit qu'on est très-exposé à laisser tomber les saintes hosties « en donnant la communion, et d'ailleurs, c'est un vase d'emprunt « qu'il faut rendre. Lesdits religieux osent vous prier, Messieurs, « qu'il vous plaise leur accorder un saint-ciboire de l'une des « églises qui sont ou vont être évacuées ; ce ne sera qu'un prêt « momentané, puisque tous les vases sacrés appartiennent et « retourneront dans peu à la Nation. C'est dans cette espérance « qu'ils prennent la liberté de s'adresser à Vos Bontés, vous savez « qu'ils sont pauvres et peu en état de faire faire pour peu de « temps un nouveau saint-ciboire ; en leur accordant cette grâce, « vous obligerez et le public et ceux qui sont, dans le plus pro- « fond respect, Messieurs, vos très-humbles et obéissants servi- « teurs. »

Le Directoire du District de Sedan et du département autorisèrent le prêt d'un ciboire des PP. Capucins de Mouzon, à charge de le représenter à toute réquisition, les 15 et 29 février 1791.

senté, de nous paraphé et par nous laissé à la garde des religieux de la maison, ainsi que les livres, l'argenterie, les meubles ci-dessus... (1) »

La maison des Capucins devint le séminaire des Ardennes, le 27 septembre 1792, quand la Mission fut occupée par les troupes; plus tard, on y établit un hôpital militaire. Au milieu du vandalisme révolutionnaire, le tombeau de Fabert perdit les précieux restes qu'il renfermait, et, vide, les armes du maréchal et de sa femme grattées sur la face, conservant cependant intacte son épitaphe, il repose encore dans le caveau bâti en 1662.

X. Faubourg de la Cassine.

Au delà de la Porte Rouge s'étendait le faubourg de la Cassine, longue rue bordée à droite par le cimetière Saint-Louis, ancien cimetière militaire sur lequel étaient bâtis un hangar à salpêtre et la boulangerie militaire cédés à l'Etat, origine de la manutention; à gauche, les vastes bâtiments de l'hospice dirigé par la sœur Forbras, que n'atteignirent point les troubles de la ville.

(1) On consultera avec ntérêt sur cette bibliothèque une pièce sans date intitulée « Livres que M. du Pouget a retirés des Capucins de Turenne, pour les remettre à Mgr le cardinal de Bouillon. » (Fin du XVIIe siècle). (Arch. nat. R 2, 435). La bibliothèque de la ville conserve quelques livres provenant des Capucins.

L'HOSPICE

Les actes relatifs à l'hospice pendant la Révolution sont peu nombreux. Le 6 novembre 1792, les commissaires délégués pour inventorier les églises et chapelles, se transportent « à l'Hôtel-Dieu de la miséricorde de cette ville, la citoyenne Marie-Françoise Forbras, cy-devant supérieure, déclare qu'il n'existe en l'église de laditte *(sic)* Hôtel-Dieu aucun objet quelconque d'argenterie. » Cependant Vassant déclare avoir reçu et déchargé l'administration de l'hôpital de 11 marcs d'argent, poids des vases servant au culte de la chapelle, dont le chapelain était François Pérotel (5 frimaire an II, 25 novembre 1793). Le 10 mai de la même année, le même Vassant ordonnait de gratter, au-dessus de la porte de la chapelle, les « vilains » noms de l'inscription latine, et d'y substituer « Hôpital de la République. »

Si la chapelle de l'hospice était pauvre, les dons et legs de biens immobiliers et de rentes ne manquaient pas aux pauvres, comme le démontre le budget pour 1791 (28 mars 1791), trouvé par nous aux archives communales. (C[on] **L**, série **Z**, n° 5).

Budget de l'Hospice.

L'Hospice de Sedan possède :

Les bâtiments et jardins occupés pour le service de la maison dont on ne fait aucune estimation, n'ayant aucune valeur productive.

BIENS-FONDS AFFERMÉS

Un pré à Bazeilles	16 l. 10 s.
Prez à Torcy	65
Jardin au Fond-de-Givonne	22
Trois arpens de terre au Fond-de-Givonne	83
Jardin à la Cassinne	22
Une ferme à Aillicourt	109
Une ferme au Chesne-le-Populeux	250
Maison à Sedan, dite des Trois Maures, par indivis avec la fabrique de l'Eglise cathédrale.	
Total : 613 liv., dont moitié	306 l. 10 s.

Maison à la Cassinne		108
Autre maison et jardin à la Cassinne		42
Maison rüe Bercoffe		220
Jardin aux Paquis		21
Ferme à Douzy	14 cartels.	
Ferme à Haraucourt	7	
Ferme à Glaire	23	
	44 cartels.	
8 sacs 4/3 à 15 liv.		132
539 verges de prés qu'il fait faucher pour la nourriture des vaches de la maison, à 24 liv. la fauchée de 100 verges		139
Jardin au Fond-de-Givonne		22 l. 10 s.
Biens-fonds affermés. Total		1.558 l. 10 s.

Rentes sur le roi et divers particuliers :

Aumône du Roi, supprimée par l'article 7 du décret du 10 septembre 1790, et dont il sera fait déduction à la suite du résumé de l'actif et du passif du présent état	600 l.	
Sur le duché de Bouillon	1.250	
Sur le Roi et les Etats de Bretagne	960 l.	4 s.
Autre sur le Roi	100	
Sur Rossignon de Daigny	3	5
Sur Le Clerc de Sedan	35	
Sur Cousin, de Saint-Menges	5	
Sur Fillon, de Sedan	47	
Sur Mathis, de Daigny	2	10
Sur fille Le Liquaire, de Balan	11	2
Sur Philippot, de Sedan	25	7
Sur les héritiers Jean Rambourg	7	10
Sur Albert, de Daigny	6	
Sur Misset, de Givonne	17	10
Sur Bruneau, de Francheval	6	10
Sur Le Fèvre, de Francheval	3	
Sur Bourgerie, de Francheval	4	10
Sur Le Gardeur frères	200	
Sur demoiselle Béchet	150	
Sur veuve Vuinand	7	10
Sur Beaudesson, de Sedan	70	
Sur Gibou-Dumet	50	
Sur veuve Gibou	25	
Sur des Brulis	30	
Sur Raulin-Husson	270	
Sur Le Blanc, de Damvillers	22	10
Sur Rousseau, de Givonne	830	
Sur l'abbaye de Châtillon	300	
Sur Drouet, de Sedan	50	
Sur Raulin	14	
Sur Paignon-Mouret (ci-devant d'Anneville)	300	
Rentes. Total	5.403 l.	8 s.

BÉNÉFICES CASUELS

Aumônes et amendes........................ ...	500 l.
Travail des pauvres..............................	5.000
Privilège exclusif du débit de la viande dans la ville et faubourgs pendant le carême, dont il sera fait déduction, vu la cessation de tout privilège. Ce privilège valoit, année commune, 2.500 l., cy.....	2.500
Bénéfices casuels. Total..........	8.000 l.

Récapitulation de l'actif :

Rentes en fonds...........	1.558 l.	10 s.
Rentes en contracts	5.403	8
Bénéfices casuels..........	8.000	
	14.961 l.	18 s.

A déduire 600 l. de l'aumône du Roi.
— 2.500 l. de la suppression du privilège du débit de la viande pendant le carême.

3.100 l.

Total de l'actif au 28 mars....... 11.861 l. 18 s.

PASSIF ANNUEL

Au chapelain..................................	416 l.	
Au prédicateur de carême	137 l.	6 s.
Au prédicateur de l'avent......................	72	7
A la fabrique de l'église cathédrale............	45	
Cens au Roi......................................	5	
A la Congrégation de la Mission	47	10
Aux chantres......................................	13	10
Au sacristain.....................................	15	
Au fossoyeur	15	
Aux bedeaux......................................	4	10
Aux annonciades de Mézières....................	140	
Aux religieuses de Stenay.......................	184	
Aux religieuses de Rethel,......................	640	
Fondation d'école................................	100	
Aux sieurs Béchet frères	300	
A demoiselle Marcouville-Ayet..................	30	
A la sœur Claire de Villange....................	189	
A Jeanne Husson	72	
Au bureau de la Charité de Sedan..............	50	
A Monsieur l'Evêque pour fondation...........	100	
	2.576 l.	4 s.

RÉSUMÉ :

L'actif est de.................	11.861 l.	18 s.
Le passif......................	2.576	4
L'actif libre est de............	9.285	14
Il faut en déduire pour les réparations de bâtiments............	600	
	8.685 l.	14 s.

Les habitants de l'hospice comprennent :
15 sœurs.
192 pauvres de tout âge et de tout sexe.
16 malades pour les lits fondés.

223 individus qu'il faut habiller, nourrir et entretenir tant en maladie qu'en santé.
C'est par individu : 38 l. 18 s. 11 d.

A côté de l'hospice, l'importante manufacture du Dijonval, appartenant aux Paignon d'Anneville, dont les armes, sculptées au fronton de l'édifice, représentaient « un paon et trois oignons, » calembour grotesque comme on en voit tant dans les armes. Mme Paignon, dite comtesse du Dijonval, épouse divorcée du citoyen Mouret d'Hanneville, détermina, paraît-il, lors de son enterrement, une bagarre fort bruyante sur la place d'Armes : d'après son acte de décès, cela se passait le 21 messidor an X (10 juillet 1802) : on connaît sur cette dame, l'une des reines des salons de Sedan, quelques anecdotes piquantes qui datent de 1790 et avant, et étonneront bien des personnes quand elles sauront que « Marie-Hyacinthe Paignon, maîtresse de manufacture, » avait alors 54 ans, d'après une indiscrétion des registres de l'état civil.

Plus heureuse que la chapelle de l'hospice, celle du Dijonval, confiée aux soins d'Evrard Gérard (1), ancien capucin, était assez riche, sans doute des dons de manufacturiers ; on peut s'en assurer par le document que voici :

Inventaire de la Chapelle du Dijonval.

(An II ?).

1 Calice d'argent avec sa patène . . . . Emporté.
1 Seau de cuivre . . . . d°.
1 Plat d'étain . . . . d°.
1 sonnette . . . . d°.
6 chandeliers de cuivre.
1 eau bénitier de cuivre . . . . Emporté.
12 cierges . . . . d°.
6 cierges de fer blanc.
1 missel avec son pied.

(1) Evrard Gérard serait-il le même personnage qu'un carme de Donchery appelé Evrard Erard ?

3 cadres.
1 cadre au-dessus de l'autel.
12 bouquets avec leurs pieds.
1 vieux fauteuil.
2 armoires.
3 bancs.
1 cloche.
1 confessionnal.
1 prie-Dieu.
1 boëte avec des bouts de cierge et de la bougie.. Emporté.
20 petits cierges.............................. d°.
7 chasubles avec étolles et manipules.
14 voiles.
8 bourses garnies.......................... Emporté.
6 aubes.
13 nappes d'autel.
17 amits.
7 purifications.
12 garnitures d'étolle.
8 cordons.
54 lavabos.
Une couverture pour l'autel.
Le calisse *(sic)* de la chapelle du Dijonval pèse 3 marcs, 1 once, 5 gros.
Le petit calisse *(sic)* pèse 1 marc, 4 onces, 7 gros.

« Signé : HERMAND. »

Un peu plus loin, la rue Cadeau s'appelait ruelle de la Sorille ; on passait la porte de Floing, devant le corps de garde et le cabaret du *Dernier Sou*, et l'on quittait Sedan pour la campagne qu'affectionnaient déjà nos ancêtres d'il y a cent ans.

FIN

ADDITIONS

P. 35-36. — On ajoutera à nos renseignements sur la famille de Maillan les notes suivantes :

Marie Drouin, plus tard Madame de Maillan, abjura le protestantisme en 1766, ainsi qu'il résulte de l'indication contenue aux archives départementales (série **H**, art. 458) :

« *Couvent des Dames Religieuses et Chanoinesses du Saint-Sépulcre de Charleville.*

« 1736-1783. Acte de réception de l'adjuration libre et volontaire de demoiselle Marie-Victoire-Adelaïde Drouin, née à Sedan, fille de M. Etienne Drouin, manufacturier de la draperie royale, et de demoiselle Marie-Françoise Crommelin, âgée de 20 ans et 6 mois, laquelle a renoncé aux erreurs de Calvin, de Luther, et à toutes autres erreurs, et a déclaré et promis sur les saints évangiles de vivre et mourir dans la foi de l'église catholique, apostolique et romaine. »

Mme de Maillan, épouse en secondes noces du cit. Foulcher, mourut dans la Haute-Garonne, en fructidor an VII (août-septembre 1800) ; les administrateurs de ce département écrivirent à ce sujet à la municipalité de Sedan pour la prier de veiller au règlement des droits de la défunte sur la succession de son père. (Arch. comm. de Sedan, c^{on} **K**^{5}, série **Z**, n° 10, liasse an VII).

De ses trois enfants, deux seulement sont assez bien connus : sa fille, Françoise-Julie Constance, naquit à Millau (Aveyron), le 15 septembre 1771 : pendant la Révolution, elle fut enfermée à la Conciergerie et sauvée par le 9 thermidor ; elle se retira alors à Bouillon où elle habitait une chambre de l'ancien couvent des Augustins, dit *les Moines ;* bien des personnes encore vivantes l'ont connue là, et se rappellent son grand air de distinction ainsi que les meubles antiques de son logis : elle possédait entre autres un *harmonica* qui amusa les enfants de ce temps. Restée célibataire, elle mourut à l'hospice de Bouillon, rue de Laitte, le 14 août 1845. Un de ses frères, probablement le cadet, habitait à Sedan en 1827, et il est ainsi recensé : « De Maillant Joseph, né à Milot *(lisez* Millau), 57 ans, célibataire, rentier, Grand-Rue, n° 30. » Nous ignorons la date de sa mort.

P. 63. — Deux des communautés religieuses de Sedan ont laissé le souvenir des armes qu'elles portaient : ces armes figurent à l'*Armorial de l'Election de Rethel* en date du 27 décembre 1700. *(Revue hist. des Ardennes*, t. VI.)

« N° 98. La communauté des prêtres de la Mission de Sedan. Porte d'azur à la figure de Notre Sauveur levant les yeux au ciel et étendant ses bras l'un en haut et l'autre en bas, le tout d'or.

« N° 102. Le Couvent des Religieuses de la Propagation de la Foi de Sedan. — Porte d'azur à une figure de femme les yeux voilés, tenant en sa main dextre élevée un cœur enflammé, une croix en sa main senestre et s'appuyant du même côté sur une ancre, le tout d'or, représentant la foi, l'espérance et la charité. »

P. 65. — A propos des capucins, M. l'abbé Depoix a inséré dans l'*Echo des Ardennes* du 4 février 1892, une note rectifiant en certains points notre article ; nous nous empressons de la reproduire ici :

« *A propos des capucins de Sedan.*

« Les capucins qui s'établirent à Sedan en 1635, étaient des capucins irlandais, comme ceux de Charleville. Les registres paroissiaux de l'église Saint-Laurent, conservés aux archives, mentionnent plusieurs abjurations de calvinistes reçues par eux, et dont ils ont signé les procès-verbaux en ajoutant à leurs noms, avec leurs titres comme religieux, leur qualité d'Irlandais.

« C'étaient des apôtres pleins de zèle et de savoir ; leurs prédications étaient très suivies. Aussi Frédéric-Maurice demanda-t-il au cardinal de Saint-Onuphre, protecteur de l'ordre à Rome, de favoriser l'établissement des capucins dans ses Etats ; et en 1641, ce prince expédiait des lettres patentes qui rendaient définitive et irrévocable l'institution des capucins à Sedan. En 1654, Louis XIV étant à Sedan, octroya aux capucins de nouvelles lettres patentes confirmatives de celles qu'ils avaient reçues de Frédéric-Maurice.

« Cependant, en vertu d'un brevet du 30 décembre 1683, un changement s'opéra. Le P. Ambroise, de Chaumont-en-Bassigny, custode des capucins de Champagne, vint prendre possession, au nom de sa province, des couvents de Sedan et de Charleville. Les Irlandais durent en conséquence se retirer, et reçurent en échange les couvents de Vassy et de Bar-sur-Aube.

« Ainsi ce n'est qu'en 1684 que les capucins de la province de Champagne vinrent à Sedan où ils restèrent jusqu'à la Révolution. Leur riche bibliothèque, qui aurait pu fournir un fonds précieux à la bibliothèque de la ville, fut reléguée dans les greniers du collège et pendant plusieurs années livrée au pillage. »

P. 104, n. 1. — La délibération du 21 vendémiaire an VII (13 octobre 1800) décida le changement de cet usage : « Les congés sont fixés au 1er nivôse au lieu du 24 novembre, veille de Noël (v. s.) ; l'entrée en jouissance le 1er messidor au lieu du 24 juin, Saint Jean-Baptiste (v. s.). »

P. 106. — La première mention qui nous soit connue de l'*hostel des Trois-Maures* est relative à une donation faite à l'Académie par Jérémie Gérard « hoste des Trois-Maures » en 1668. (Arch. du greffe de Sedan, *liasse Recettes et Dépenses de l'Académie.*)

P. 114. — Voici l'acte de décès de d'Averhoult que notre ami H. Bourguignat a extrait pour nous du « Registre des naissances, mariages et décès des non-catholiques pour 1792. » (Arch. comm. de Sedan, bureau de l'état-civil) :

« Le vingt-six août 1792, trois heures de relevée est décédé en cette ville Jean-Antoine Daveroult, colonel du septième régiment de dragons, demeurant ordinairement à Charleville, âgé de trente et six ans, et aujourd'hui vingt-sept dudit mois son corps a été inhumé au Fond-de-Givonne, faubourg de cette dite ville de Sedan, suivant la déclaration faite en notre hôtel et pardevant nous N.-J. Pillas, président du tribunal du district de Sedan, par MM. Daniel-Michel Gisbert Heldewier, citoien de Charleville, y demeurant, Jean-Nicolas Jacquemart, citoien de Sedan, y demeurant, et François-Noël de Villepoix, ministre du saint évangile, demeurant en cette ville de Sedan, ce dernier ayant assisté à l'inhumation comme aïant été à ce par nous commis, et ont les susnommés signé avec nous. »

Signé : D.-M.-G. Heldewier. F.-N. Devillepoix.

Jean-N. Jacquemart.

Pillas.

Cet acte montre que d'Averhoult était bien colonel du 7e dragons, comme nous le disions déjà, et non du 7e hussards, ainsi que le suppose M. H. Rouy, dans une note pourtant très précise. (*Souv. sed.* IV, p. 215, n. 2).

D'autre part, le récit habituellement admis de la mort du colonel, que reproduit M. H. Rouy (*op. cit.* p. 141, n. 2), ne concorde pas avec la version fournie par le savant ouvrage de M. le docteur H. Vincent (*Inscriptions anciennes de l'arrondissement de Vouziers*, p. 250); d'après ce dernier, d'Averhoult fut assassiné à Saint-Menges par les révolutionnaires sedanais, le 26 août, et vint probablement mourir à Sedan de ses blessures; c'est, du moins, ce qui ressort des débats soulevés lors du *Procès contre les oppresseurs du département des Ardennes* (germinal an III).

P. 159. — Le logement sur la porte du Mesnil était occupé en 1793 par Drouart, commandant temporaire de la place, qui le céda le 22 juillet au C. Vuibert pour aller loger chez la femme Béchet.

TABLE

Sedan. — Imp. de Jules Laroche, rue Gambetta, 22.

www.ingramcontent.com/pod-product-compliance
Ingram Content Group UK Ltd.
Pitfield, Milton Keynes, MK11 3LW, UK
UKHW020951230726
13923UKWH00007B/248

9 782019 321741